波動物語

気・愛・オルゴンの奇跡

「気」驚異の進化3

西海 惇
Nishiumi Makoto

たま出版
TAMA PUBLISHING

「氣神聖龍画」（本文 260 ページ参照）

はじめに

本書は、第一作『「気」驚異の進化』、第二作『癒しの扉』に次いで、私の第三作目の著書となります。

今回は、オルゴンエネルギー製品の開発にいたる経緯や、実際の開発の過程について、いわば開発秘話を中心に書きました。

それと同時に、オルゴンエネルギー製品の構造も一部明らかにしていますので、関心のある方は、ここで明らかにした構造をもとに、改良すべきところは新たに手を加えていただいて、よりよいものをどんどん開発していただきたいものだと思っています。

これは、ふつうなら企業秘密とされるべきものです。しかし私は、オルゴンエネルギーの発生のメカニズムを独占しようというつもりなど、さらさらないのです。

実際、私のセミナーに来ていただければ、メカニズムを詳しく説明していますし、その場で簡単なエネルギー発生装置も作ってもらっています。ここはどうなっているのかと問われて、言葉を濁すことなどありません。

もちろん、オルゴンエネルギー製品の開発にあたっては、私自身、相当なエネルギーを費やしました。けれども、当の私も、先人たちの叡知をもとに、わずかなアレンジを加えたにすぎないのです。

私の知恵などたかが知れています。より多くの人たちの知恵を集めれば、もっと画期的な製品が開発できるでしょう。それに刺激を受けて、また私は新たな開発にいそしむことになるのです。

知的所有権の問題もあるでしょうが、私としては、よいものは必ず真似されるものだと思っているので、コピーが悪いとは思っていません。だから、一つの発明で一生食べていこうなどというケチな了見などないのです。その代わり本家というものは、コピーが出てきても完全に真似し尽くせないだけの奥深さを持っているか、あるいは新たな付加価値を開発できるだけの創造力を用意していなければならないという、厳しい考えも持っています。この時代、コピーで潰されるようでは底が浅いといわなければならないでしょう。

商品開発だけではなく、あらゆる物事は、ライバルどうしの切磋琢磨によって進化します。そのような往復運動によって螺旋的に上昇するのが、どちらにとっても願わしいことであり、商品ということでいえば消費者にとっても利となるのです。

そのようにして社会は進化していきます。独占は停滞と堕落を生むだけです。

はじめに

『波動物語』というタイトルは、オルゴンエネルギーの波動をいうものであるとともに、私のオルゴンエネルギーに至るまでの道程（半生）も、振幅の激しい波そのものだったという意味もこめられています。

あらゆる事物には波動があります。人間にも、生体活動周期（バイオリズム）があります。またその運気（運期）も、好不調の波というように、波動現象の一つです。

波動というものは、当然ながら発振元そのものの活動によって波動の変化が生み出されますが、外から別の波動を与えられても変化を受けます。つまり、干渉や共振・共鳴現象です。

この事実は、人の運気が波動なら、別の波動によって調整することも可能だということを示しています。その調整波動として、何にもまして効果的なエネルギーがオルゴンエネルギーであるのです。

『波動物語』という言葉には、少々気恥ずかしい思いもこめられています。

オルゴンエネルギーは、我が妻、実記《みき》との二人三脚によって開発されたものです。私たち夫婦も、お互いの周波数や波形を主張しあう二つの波だったのです。その二つの波動の干渉によって、プラスもあればマイナスもある、つまりはケンカもあれば愛もある、オルゴンエネルギー開発珍道中としてでも読んでいただければ有り難い、という気持ちもあったのでした。

私のような欠陥だらけの輩でも、ちょうどその欠陥を補うウェーブと出会い、深く交流すれば、唸《うな》りもあればビッグ・ウェーブも発生しうるということで、読者の皆さんの応援歌になれば、これにまさる喜びはありません。

西海惇

波動物語●目次

第三章　幸運効果のメカニズムを考える——135

第四章　オルゴンエネルギー開発秘話②
加速するオルゴンエネルギー——163

目次

第五章　オルゴン・ウェーブはまだまだ進化する
健康願望器「ニュー・プレマプラーナ」から
「波動食器」まで　233

第一章

癒しの扉を開くまで

都庁に向かい、なぜか涙がこみあげる

一九九九年、三月半ば。東京新宿の京王プラザホテルにおいて、いつもの面談を終えたときのことです。

私は、毎月一度は福岡から上京し、個人ごとに読者の皆さんや、オルゴンエネルギー製品の使用者の皆さんとお会いして、質問や相談などに答える時間を設けています。

私の部屋には、朝から夜まで、途切れることなく様々な人たちが訪れます。常連の方もいれば初対面の方もいます。質問も、オルゴンエネルギーの具体的な用い方に始まって、健康や仕事、さらにはきわめて個人的な人生相談まで様々です。

悩み事を抱えるのが、まるで生きることの仕事であるかのように、人間には人の数だけ悩みがあるようです。

オルゴンエネルギーを有効に活用しようと、本当に熱心に私の話に耳を傾ける人もいれば、なかには暇つぶしの方や、脈絡のない話をまくし立てて帰っていくだけの人もいます。

一日中、様々な人とそのような応対をしていて疲れないわけはありません。

その日も、疲れてはいましたが、精神が高揚しているために頭は冴えていました。頭の中で、耳にも聞こえない高周波のハミングを立てて、コマが高速回転でもしているような感じでした。そのコマに導かれるまま、質問に答え続けていても、コマはブンブンと回り続けて回転速度は少しも落ちません。

深夜になって、ようやく最後の面談者をドアまで見送りました。カーテンを引くのも忘れていたらしく、窓ガラスが、部屋を歩く私の姿を映しています。緩んだズボンが目に入りました。

少し痩せたかな……。そう思いながら、窓際の応接セットの椅子に腰を下ろします。タバコに火をつけ、ゆっくりと煙を吐き出して一息つくと、部屋のなかに一人残されている自分に、ふと気づきました。部屋は、しんと静まり返っています。

顔を窓辺に傾けると、白髪の男が見返してきます。見慣れた私の顔を、しばらくそうやってぼんやりと眺めていました。

視線を外に向けると、ちょうど真正面に都庁舎がデンと構えています。現代のシャルトル大聖堂は、周囲の明かりに巨体を浮かばせて、二本の角を闇空に伸ばしていました。昼には何万人も飲み込むビルも、いまは月に立つモニュメントのように静寂のなかにありました。

おれはいま、こうしてここにいる……。ふいに、私の胸に熱くわき上がる感懐がありました。それは一気に胸を駆けのぼり、涙腺を刺激したのです。

私の声に耳を澄まし、私の言葉を頼みとするたくさんの人たちがいる。その不思議さを思ったとき、感動が私を震わせ、無上の至福感を感じたのです。目頭の熱さは幸福の温度そのものでした。

この数年間、人と面談することは、仕事として当たり前のようにこなしていました。しかし、かつての私にとっては、とても考えられないことだと、改めてしみじみと感慨を抱かせられたのです。

あのおれが、おこがましくも人から相談を受ける立場となって、全国からたくさんの人がわざわざ訪ねに来てくれる。しかも口々に感謝の言葉を携えて。

この仕事に携わるまで、私は様々な仕事を経験してきました。新しい事業を起こして成功したこともありますし、大失敗をして会社を倒産させたことも何度もあります。どうも、一つの仕事が成功すると飽きるのか、またまったく別の仕事に挑みたくなる癖があり、それが災いのもとだったような気もします。

アイデア勝負の仕事で瞬間的に大きな利益を手にすることがあったとしても、長続きはせず、また順調に行っていれば行っているで、別の事業に手を染めてみたくなる。まったく浮沈の激しい運勢で、ホテル暮らしをしたかと思えば、無一文になって水だけで何日もしのいだこともあります。

それでも、安定した生活を望んで、堅気の道を歩こうかと思ったことはありませんでした(といってもヤクザではなかったのですが)。いや、一度だけ人並みに安定した道をと考えたこともないではなかったのですが、それについては後ほどお話しすることにしましょう。

大きな回り道をして、やっといま、私の歩むべき道にたどり着くことができた。本当にこの仕事に巡り会えてよかったなあ……。涙をこぼれるままにして、私は窓辺に立ち尽くしていました。

コンプレックス・セヴンティーン

かつて、私は自分の成功する姿を想像はできても、人前でスラスラと話せるということは、想像さえできませんでした。

いまでこそ人前で話すことなど苦にもならず、むしろ楽しみながら何時間でも喋っていられますが、実は、私はうまく喋ることができず、それがとても大きなコンプレックスだったのです。

子どものころに人より能力が劣っていることがいかに精神を萎縮させることになるか、いまの私はよくわかっています。もしあのコンプレックスを抱えていた時分に、『五体不満足』の著者、乙武洋匡さんの、どこにもハンディキャップがあるなどと思わせない、あの爽やかな笑顔を目にしていたら、私は海が二つに割れる奇跡を目の当たりにするよりも大きな衝撃を受けていたことでしょう。

吃音が、私の人生の最初の大きなつまずきでした。それがなければ、おそらくまったく違う道を歩いていたと思います。少なくとも、京王プラザで都庁と向き合っている自分はなかった。あのつまずきありて、私ありです。

高校二年の夏休み明けのこと。朝礼で、週訓といって、今週の学校の目標を生徒が朝礼台に立って、毎週発表することになっていました。その役目を、私がジャンケンに負けてやることになってしまったのです。

いまの出たがりの時代では何のことはないと思うでしょうが、私にはそれはもう一大事でした。朝礼台で立ち往生し、どもり続けて笑い者になる自分の姿がはっきりと想像できたのです。

当日、私は登校しませんでした。サボったのではなく、その日をもって高校生をやめたのです。全校生徒の前で恥をさらすより、私は中退を選びました。だから、私には履歴を飾れる学歴などないのです。

勉強はまったくできないわけではありませんでした。でも、うまく喋れないところが、私を学校嫌いにさせました。

氏か育ちか、つまり、人間を作るのは遺伝か環境かという大きなテーマがあります。私のそれはどちらもけっして劣ったものではなく、それどころか、実に教育的な条件が備わっていたのです。

まず父親は小学校の校長。一番上の兄は、東京の国立大学を卒業して学問の道に進み、昨年大学教授を退官するまで哲学を教えていましたし、姉もまた大病院の婦長を勤め上げて、定年退職となりました。兄姉は、遺伝と環境の恵みを十分に吸収して育ったようでしたが、末っ子の私だけがどうも鬼っ子であったようです。

そのような家庭環境なら、私はずいぶん居心地が悪かったかと思われるでしょう。たしかに、コンプレックスはありました。しかし、父親からは、出来の悪さの不憫さのせいか、末っ子のせいか、それなりの愛情を注がれたようです。

父は、公私ともに出来のいい者だけをかわいがるというような不公平を嫌い、誰にでも個性を認めて分け隔てなく接しました。たぶんそれがあったから、私は自分自身を信じられ、挫折を繰り返しても絶望して自分を投げ出したりせず、また起き上がるバネを持てたのだと思います。

中学のときの成績は最低で、どこにも入る高校はないといわれていたのに、それでも父は鷹揚としたものでした。「惇、勉強なんかいいよ、父ちゃんとキャッチボールしよう」といって私をつかまえ、思いっきり遊んだあとで、一時間だけみっちりと数学なり英語なりを仕込まれます。そうやって、無理だといわれた高校に、中学校の先生たちに驚かれるような成績で入ったのです。

私は、劣等感は必ずしも悪いものだとは思いません。この世に劣等感を持たない人間などいないでしょう。すべてに渡ってパーフェクトな人間などいないのです。みな、大小を問わず、容姿や能力や性格など、それぞれに悩みを抱えています。

それが、明日への向上心や意欲にもつながります。もっと頑張ろうという動機づけにもなります。「顔やスタイルに自信がなければ、性格でカバーしようと努力する。だから恋人は美人でも、結婚するなら不美人のほうがいい」というのはこじつけのような気がしますが、偉人の伝記では、劣等感をバネにしていない人を探すほうが難しいぐらいです。

問題は、劣等感が自分のなかだけで止まらず、劣っている部分を周囲の人間に指摘され、不当に疎んじられたり、いじめられたりすることです。そうなると、「マイナスの劣等感」(?)というべきものになって、心の傷として残ります。化膿して治りにくく、何年も経ってからじくじくとまた痛みがぶり返したりします。いわゆる、トラウマにもなるのです。

父は、けっして私を卑屈にはさせず、たえず私の長所を探して、いつも褒めてくれました。母は結核で、私を産んで間もなく亡くなり、その後私は継母に育てられることになります。継母も教師で、優秀な兄は彼女の自慢の種でしたが、残念ながら不出来な私とは折り合いが悪く、そのおかげで自立心が養われたのだと、いまでは大いに感謝しています。

もし私が、「あなたにとって家族とは何か?」という質問をされたら、自分を真っ先に褒めてくれる人であり、また褒めてもらいたい人と答えるでしょう。ある有名な俳優が、親を亡くしたとき、「仕事をはじめ、何でも親にほめられたくてやってきた。よりよく生きようと努めるのは、親にほめられたいためだった」というような意味のことを言っていましたが、まったくこれには同感です。

東京へ

私が高校を中退すると言っても、父は何も言いませんでした。東京へ行くと言っても、止めもしません。

父は、成人式の祝いに、これだけは読んでくれといって、カーネギーの『人を動かす』や、クラウド・M・ブリストルの『信念の魔術』を贈ってくれるような人でした。いまでこそ、書店の「成功の哲学」関係の棚に、カーネギーの本はたくさん並んでいますが、四〇年ほど前には誰も知らなかったでしょう。

そのころ、東京に出張の折りに父はこう言いました。「努力の火だけは消してくれるなよ。人は誰でも、奮起しさえすれば成功するときが必ずやってくる。火種をしっかり守っていれば、ここぞというときにいつでも燃え上がることができるんだから」。

また、「男は三〇歳になるまで貯金してはならない」と言われたことも覚えています。これは、若いうちには自己投資をしろということなのだと思います。

父は、当時の出来の悪い息子から見ても、よく出来た人でした。だから、東京で大きな山を当てたいという意欲は大いにあっても、私はそれで家族を見返してやろうというような、マイナスのエネルギーのようなものは、少しもありませんでした。

名画『エデンの東』は、涙なしでは見られない映画の一つです。長男とは違い、父親から疎まれ、その愛情に渇いている不出来の次男役のジェームス・ディーンが、バクチ的な事業に成功して、父親に現金をプレゼントしようとします。しかし、父はそれを受け取らないばかりか、いったいどんな悪事をして稼いだのかとなじるだけで、その努力さえ認めようとしません。彼は父に、ただ喜んでほしいという思いだけだったのです。どうしても自分を認めてくれないのかと、札束を手からこぼして、ジェームス・ディーンは父親の膝下に泣き崩れます。

もし私が同じように父親に現金をプレゼントしようとしても、やはり父は受け取りはしなかったでしょうが、それでもあのように邪険にすることはなく、私も受け取ってくれないからといって、自我が苦しめられることもないでしょう。

さすがに学者の道を選んだ長男は、社会的に規格外の私に、新聞に出るようなことだけはしてくれるなといって、ハラハラし通しだったようです。私が本を出して、大新聞の広告に名前が載ったときもそうです。そのときは結婚して養子になり、原から西海姓を名乗っていたので、私が原家の末弟であることは誰もわからなかったにしろ、祝う気持ちょり、不安のほうが先行したようです。

実は私にはもう一人、次男の兄がいますが、この兄は出来がよかったにもかかわらず、商売に失敗しては姉にずいぶん金銭的に迷惑をかけました。だからこそ私には、末弟まで兄や姉に迷惑はかけられないという思いがありましたし、それ以上に、学業に秀でなかった劣等感を、商才でカバーしようという意欲が旺盛だったのです。

そんな意気込みが実を結んだこともあれば、失敗したこともあります。ある販売会社の社長の右腕だったとき、倒産寸前となって、これしかないと渡された四五万円で、だめで元々と広告を打ったのが、起死回生の大ホームランとなって、あっというまに現金が山積みになったこともありました。なにしろ、現金を入れる段ボール箱が足りなくなったほどなのです。

それでも結局、成功と失敗を量りにかければ、借金がないかわりに資産もたまらなかったところを見れば、プラスマイナスゼロということになりますか。

その辺りの事業の遍歴については、もし機会があれば、いずれ詳しく書きたいものです。

東京、波高し

親の援助など一切受けず、しかも人とまともに喋れない田舎の吃音少年が、度胸と厚顔だけを頼りに、一七歳で東京に出てきたその日から、しのぎが始まりました。

一九五九年、初秋。私が最初にやったのは、東府中の米軍ＰＸ（基地内の日用品売り場）で、米兵のマダム相手に、ポーターになることでした。

「May I help you Madam?（お手伝いしましょうか、奥さん）」

サンキューのほかに、その言葉一つを覚えただけで、商売人の一歩を踏み出したのです。それだけは、不思議とスムーズに喋れました。レジから荷物を車に運ぶだけで、千円のチップをもらうこともありました。住み込みで、月給六千円の時代です。

以来、様々な商売を遍歴してきたなかで、最大の収穫は、商売には波があるということを身をもって知ったことです。

一文なしになって友人に千円を借りに行けば、なかなかその友人が現れず、三日も駅前で野宿していたのが、セールスマンとなってヒット商品を売りまくり、その二週間後には新宿のホテル暮らし。そのような、地べたと高層ホテルとの生活を何度スウィングしたでしょうか。

波があるのは商売だけではありません。スポーツを見れば一目瞭然。野球選手一人とっても、一年間を通して好調さを維持出来る選手は、まずいないでしょう。何でもそうだし、誰でもそうです。

活動しているものはすべて、波があります。体調や景気、ツキなどの好不調も、一定周期でプラスとマイナスへ揺れ動く波の一つです。

波を断つことはできません。だから、その波のマイナスへの振れを小さくし、いかにプラスへの振れをキープし続けるか。それが課題であり、またそれが難しいのです。

死線をさ迷う

どうして私がオルゴンエネルギーを開発することになったのか。それを語るには、宇宙エネルギー・「タキオン」との遭遇から始めねばなりません。

あのときも、浮沈の波の底に沈んでいました。

七つ目の会社を潰して後始末をしたあと、四八歳である自動車メーカーの期間工として勤務し、三年間で一千万円を貯めて福岡にたどり着きました。

そこで、虎の子の一千万円を投げ打って、商店街の販売促進のためのある製品を製作したのです。もちろん企画の提案をして、賛同者を募ったうえでの仕事です。数倍の利益が出るはずでした。

ところが、いざ製品が出来上がると、不思議とみながみな買い渋り、私のもとには一銭も金が入ってこなかったのです。約束不履行ですが、きっちり契約書を交わしていたわけではなく、詰めが甘かった私のやり方が災いしたのでした。

私はホトホト疲れ果てました。『「気」驚異の進化』で明らかにしたように、私がガス中毒になって生死をさ迷ったのは、そのときでした。一九九二年十二月十六日のことです。ガスストーブをつけながら寝てしまったのが災いしました。一酸化中毒ではなく、ガスそのものを吸い続けていたのです。

トイレに立ったときに、ストーブのガス管を蹴飛ばしてホースを外したか、あるいはホースを踏んで、ストーブの火を消してしまったらしいのです。いずれにしろ、自動的にガスの供給が遮断されることもなく、それから一七時間、ガスの充満した部屋に昏々と眠り続けていたのです。爆発しなかったことだけが、不幸中の幸いでした。

いつもは寝ていても、ちょっとした物音にでも目が覚めるほど敏感で、寝ぼけることなどまずないというのに、そのまま寝入ってしまうとは、やはりよほど疲れていたのでしょう。また、十分な生活費も確保しないで、全財産を投げ打ってその仕事にかけていたので、数カ月にわたって毎日薄いお粥だけの生活を余儀なくされ、栄養不足で体力が低下していたことも災いしたのかもしれません。

同じマンションの顔見知りの住人が、仕事柄、早朝に帰宅したときはすでにガス臭かったといいます。それでもまさかガス漏れだとは思わずにやり過ごして、夕方仕事に部屋を出たときには、今度は強烈なにおいがしたそうです。

どうも私の部屋らしいということで大家さんに連絡してくれて、救急車が呼ばれたのでした。瀕死の私は、病院を三軒たらい回しにされて、やっと一番遠い病院に収容されました。医者からももうダメだろうと思われていたのが、運よく四日目に意識が戻ったのです。悪運というやつですね。

院長がやってきて、私に質問しました。生年月日も名前も住所も言えるのですが、9引く8の引き算も、2足す3の足し算も、何をバカな質問をと思っても、答えがさっぱり出てこないのです。記憶障害はないものの、対応力が極度に低下していました。

毎日、高圧タンクに二時間ほど入れられました。それでも回復はなかなか進みません。自分ではちゃんと喋っているように思えても、ロレツが回っていなかったようです。耳鳴りはするし、うまく歩くこともできません。

トイレに向かってふらふらと壁にぶつかりながら歩いているうちに、用を忘れて戻ってしまうので、トイレに立つときは、トイレと書いた紙片を握り締めて行ったものです。心電図は大体戻ったものの、脳の回復はままならず、院長からも完全な回復は見込めないとはっきり宣告されました。

悲惨だったのは、年末年始。一二月三一日から正月の四日まで、命が危うい患者を除いて、入院患者は外に出されます。私も例外ではなく、自由にならない体のまま、事故を起こした部屋に戻らざるをえませんでした。

部屋はなぜか水をまいたらしく、水浸しだったうえに、ベッドはベッドでたまらない異臭がしました。どうやら失禁していたようです。とりあえず洗えるものは洗濯機に突っ込み、冷たいマットの上に新聞紙を敷きつめて、正月を寝て過ごしました。

一月五日に病院に戻りましたが、朦朧とした頭でも入院費の心配だけはしています。病院にいても有効な手立てがないのなら、早く病院を出たいものだとの計算がしっかり働いていました。

幸い私のような場合、市が入院費の大部分を負担してくれる制度があるということを職員から聞かされて、入院費の心配はなくなっても、私にはしばらく病院のベッドを暖めていようかという気持ちはまるでなく、早くシャバに出て、また起き上がろうという意欲がありました。これだけのダメージを受けても、意欲だけは大いにあったのです。

かといって、意欲だけで体力は戻りません。金も仕事もない五十男、まるで自殺未遂と思われても不思議ではない状況です。命が助かったとはいえ、待っているのはまたお粥の生活。どうみても九回、ツーアウト、ノーランナーで一〇点差の試合です。

それなのに、試合を捨てた気にならなかったとは、我ながら図太い神経をしているものです。これでもうおれは終わりだと絶望しても不思議はないのに、そのような弱気はまったく起こらなかった。この場合、弱気というよりは、客観性といったほうがふさわしかったかもしれませんが。

結局、入院から二週間後に退院しました。悪いことに、手を動かすと肋間《ろっかん》神経痛のような痛みが走って、電話をするにも手で受話器を支えられず、首と肩で挟んでやっとダイヤルできる状態でした。身内に連絡したのも退院してからです。

「死ねばよかったのにねえ……。ハンパに生きてもらっちゃ困るわよ。兄ちゃんも姉ちゃんも、お前に小遣いやるほど余裕がないもの」

姉と電話で話したときにもらった言葉がこれです。冗談なのですが、さすがにこのときばかりは、強がりも出ませんでした。これまで、散々心配をかけてきた結果でしょう。それでなくても姉は、次男の借金のために、婦長の激務を終えてから、ラーメン屋の出前持ちまでやって、お金を作ってやっていたのです。姉の話によると、長兄はこういったそうです。

「生きたものは仕方がない。日雇いでも何でもして、無理せんで、なんとか働くことだ。稼げないよりは日に千円でも二千円でもいいじゃないか。その代わり、食うだけはなんとかしてやろう」

有り難いお言葉ですが、建築現場の日雇いは私もしばらくやっていたことがあります。あの肉体労働は、無理しないでは務まりません。それにしても、その言葉だけで救われた思いがしたものです。

宇宙エネルギーによって立ち直る

しかし、現実は厳しく、消しゴムを取りに立てば鉛筆を持ってくるし、外を歩けば若い兄ちゃんにぶつかって、怒鳴られて小突き倒されたこともあります。

再起するには、まず体を何とかしなくてはなりません。このままでは、七回目の転倒にして、ついに八回目の立ち上がりなしでＫＯとなります。身内に迷惑をかけることは、できるだけ避けたいものでした。

なにくそという思いで、あるところに私は電話をしていました。それは、「タキオン」という宇宙エネルギー製品のメーカーです。

ちょうど事故を起こす前日に、『商店街』という雑誌の広告で見て、カタログをファックスで注文していたのです。友人が病院に見舞いに来てくれたとき、私は覚えていないのですが、カタログが届いているはずだから持ってきてくれと頼んだそうです。

朦朧とした頭で、届けてくれたカタログを必死で読みました。それによると、ただそれを部屋に置いているだけで、大きな健康効果があるというのです。

その雑誌も、お粥が続いていたときなので、ふつうなら買うわけはありません。二六歳のころ、婦人服店の仕入れ部長を担当していたときに、マーチャンダイジングについての記事を半年間そこに掲載していたことがありました。何年も手に取ったこともなかったのに、ふと懐かしくなってたまたま買ったのです。それまで宇宙エネルギーのことなど何も知らず、不思議な世界があるものだなと興味がわいて、思わずファックスを送っていたのでした。

現代医学で、もう手の打ちようがないのなら、そのような常識を超えたものに頼るしかないのではないか。私はすがる思いでした。ロレツが回らないなりに、必死の思いが通じたのか、メーカーの部長さんは、本来前金でなくては販売しないところを、金はあとでいいということで、中古品でしたがすぐに送ってくれたのです。早速、それを枕元にセットしました。

はたして、その宇宙エネルギー製品の効果によるものかどうなのか、実証する手立てはありませんが、二週間で頭も体もほぼ元通りに回復できたのでした。そこからすぐに熱烈なタキオン信者になったのかというとそうでもなく、こういう世界もあるのかな、あってもいいか、というくらいの気持でした。

次々とやってくる援軍

カタログを運んでくれた友人に、今後の身の振り方を尋ねられて、私はこう答えました。

「また、I自動車に行こうかとも思ってるんだけどね」

有り難いことに、私は期間工でありながら、I自動車では不思議な待遇を得ていました。それというのも、社員も発見できなかったミスを発見したり、独特の改善提案をして、上司がまたそれを積極的に評価してくれていたからです。戻る気があるならいつでも社員として採用するといわれ、月給五〇万円、そのときはマンションも用意するとの条件で送り出されていたのです。

「I自動車といったって、そんな体で大丈夫ですか」

私の瀕死の状態を知っているだけに、友人はさすがに心配顔をしてみせます。

「体はもういいんだよ」

「本当は、例の仕事をやりたいんじゃないですか?」

例のとはタキオンのこと。友人は、私の奇跡的な回復を目にし、それがタキオン製品によってもたらされたという話を私から聞かされていますし、私の商売人としての関心も知っています。

「まあ、できればね」

「いくらぐらいあればできるんですか？」

「五十万ぐらいじゃなかろうか」

何の根拠もなく、私は漠然と答えました。それだけの話かと思ったら、翌日彼は、これ使ってくださいよ、とポンと封筒を差し出すのです。四十万円あるとのこと。彼も、貯金などある男ではありません。わざわざ消費者金融から借りたのだといいます。それまで、彼には多少の世話をしていたからこその義理立てだったのでしょうが、その気持ちに感激しながら、地獄に仏の思いで、私は有り難く拝借しました。

それを元手に代理店を起こし、早速小さな広告を出したら、妙な男がやってきました。浮浪者同然の身の上ながら、この男は宇宙エネルギーに詳しかったのです。彼からずいぶん知識を仕込むことができましたが、彼も一度に全部吐き出すと追い出されると思ったらしく、小出しにするもので、結局半年ほど同居することになりました。

二カ月ほどたったころ、所持している本の何冊かを見せてもらったなかに、深野一幸氏や船井幸雄氏の本があったのです。宇宙エネルギー関係で本をたくさん出していた深野氏の名前は、そのとき初めて知りました。

I自動車時代は、拘束時間のほかは読書に明け暮れた三年でした。あれほど集中して本を読んだ時期はありません。小説も読みましたが、特に人間の意識や無意識については、精神医学系のものから宗教書まで、手当たり次第に読みました。

それ以前にカーネギーの本を読まされていたくらいなので、船井幸雄氏の、これからの産業というものは、地球環境に有益な製品を作らねばならず、他人の利益を優先したときにこそ自分ももうかるという考え方は、観念として特に目新しいものではありませんでした。ただ、実際の製品の紹介を眺めると、こんな業界もあるのかと、商売人として食指をそそられたのは事実です。

しかし、深野一幸氏の宇宙人や超科学の話は、私にとっては実に突拍子もない世界でした。それでも、深野氏が紹介している宇宙エネルギーの説が正しいかどうかは別として、宇宙エネルギーとは何ぞやと頭をひねっていた当時の私にとっては、虎の巻のようにも思えたのでした。

特にこの空間には、素粒子の一つである電子の、さらにその素となっている超素粒子が普遍的に充満し、それが宇宙エネルギーの本質だという話には、なるほどと思ったものです。

その深野氏の本をもとにして、私は自分で広告文を作成し、ある新聞に全面広告を打ちました。この広告も広告代理店から営業をかけられたもので、その資金も後払いでいいという好条件を提示されたので出来たことなのです。

その広告は、私に二人の人間を授けてくれました。たった二人でも一騎当千の援軍で、一人はなんと六百万円分の注文をしてくれたのです。もう一人のMさんも相当な注文をしてくれましたが、このMさんは地元のテレビ会社に勤めるインテリで、その後もいろいろとアドバイスをしてくれ、金銭面だけではなく、実に大きな恩恵を与えてくれました。

伴侶との邂逅

私がこの世に生まれて最大の転機となったのは、わが妻、実記と出会ったことでした。それはまた最大の幸運だったと広言するのに、いささかのためらいもありません。

五二歳にして、私は家庭を持つという世俗的な幸福ばかりか、仕事のよきパートナーと、仕事と生活の充実と、心の平安を得ることができました。しかも、未来へのさらなる意欲と、子どもまで授けてくれたのです。

私は二度目の命を授かったのだと思います。それは、ガス事故から命拾いしたときではなく、彼女と出会ったときに始まったのです。

当時、実記は福岡のデパートに勤めていました。

実記は、宇宙エネルギーはもちろんのこと、子どものころから不思議な世界に関心があり、神秘学や精神世界関係の本を好んで愛読していたようです。たま出版から、私に最初の原稿の依頼があったとき、真っ先に喜んだのが実記でした。大手出版社より、彼女の趣味にあう本を多数出している、たま出版から本が出るほうを喜ぶ不思議な女なのです。

デパートへの通勤バスの路線上に、タキオン製品の開発者のオリオン・ユウセイ氏の事務所があり、バスの窓から、毎日実記はその大きな看板を目にしていました。

ある日、実記が仕事から帰宅すると、彼女の母親がどこからか持ち帰ったらしく、テーブルにタウン誌が乗っています。タウン誌など、目にしてもいつもなら手にとることもなかったのに、そのときにかぎってなぜか手にとって、ぱらぱらと頁をめくったのでした。

その目がふと止まります。そこにもタキオンの小さな広告があったのです。それはオリオン・ユウセイ氏の広告ではなく、私の広告でした。

以前から、タキオンについて説明を受けに行きたいと思っていた実記は、オリオン氏のもとへ行こうか、私のもとへ行こうか迷いながら、紙にオリオン氏の名前と私の名前を書き、結局はアミダクジで選択し、私のもとへやってきたのでした。何はともあれ、私はまずアミダクジに感謝しなければならないのです。

開発者はオリオン氏であり、ずいぶん前から精神世界関係の雑誌にも紹介されたり、広告を出したりしていて、彼はすでにメジャーです。無名の私と比べるほうがどうかしていると思うのですが、無名なら相手もしてくれるだろうと思ったのかもしれません。それでもアミダクジがオリオン氏を選んでいたら、あまり時間を割いてはもらえないだろうとは思いながらも、やはりそっちに足を運んでいたのです。危ないところでした。

一九九三年三月。問い合わせの葉書が二通届きました。広告に関する問い合わせの郵便物は、私が番頭と呼んでいる販売の責任者の管理で、彼が全部チェックして自分のデスクの引き出しにしまうことになっています。が、その日にかぎって、たまたま私がポストから回収したのです。

一通はMさん。もう一通は正体不明でした。住所のほかは職業も年齢も電話番号もなく、名前も西海実記。

じっき？……。なぜか私はミキとは読めませんでした。男か女かもわからないまま、とりあえずカタログを送っておきました。後で知るのですが、彼女が葉書を投函したのは三月八日。私の実母の命日なので忘れられないのです。

電話があったのは、それから三週間ほどたった桜の季節。番頭が出ると、これから伺ってよいかとのこと。

「社長、今日、西海っていう女性が来ます。デパートの社員っていってましたけど、まあ冷やかしってところでしょうね。私はちょっと今日は用事があるんで、よろしく頼みます」

売れそうな気配はないということで、これもたまたま私が相手をすることになったのです。西海という名に記憶はありました。実記というのは女性だということがようやくわかった次第です。

現れたのは若い女性。といっても私よりというだけで、三十代半ばといったところでしょうか。女性だとたかをくくったのがいけませんでした。彼女は、宇宙エネルギーの何たるかとか、宇宙エネルギー発生のメカニズムについて、ずいぶん突っ込んだ質問をしてくれるのです。

それは、私も知りたいと思わせるもっともな質問で、話し方を見ても、ほどよく常識があるらしいことがわかりました。答えてあげたいのは山々なれど、私にはガス中毒の後遺症を克服した実体験しか話せることはなかったのです。

素直に知らないと言えることの愉悦

「私はね、専門的なことはさっぱりわからないんですよ。話を聞くんだったら、せっかくだけどオリオン・ユウセイさんのほうに行くんでしたね」

私は取り繕うつもりなど一切なく、素直にというか、いささか投げやりぎみに白旗を振りました。さらにこういって、感心した素振りを見せつけます。

「それにしてもあなたは色々よく知っていますねえ。むしろ、こちらが聞きたいくらいですよ」

別におだてたのではなく、本心でそう思ったのです。

「とんでもない」

彼女は笑って首を振ります。勝ち誇る様子がないのが奥ゆかしく、私には新鮮でした。

宇宙エネルギーなどという世界には、科学的思考（常識）を逸脱した独特のマニアがいるものです。そういう人種には、知識をひけらかし、言い負かして悦に入るという客人がよくいます。それでも買ってくれればお客様ですが、そういう人にかぎって買う気などなく、ただ冷やかしたいだけなのです。

私がここまで打算なく、知らないんだということを素直に話せたのは初めてでした。私は元々商売人なので、テクニックでわざとわからないと言う場合も多分にあります。しかし、彼女には本音でわからないと言えたのです。商売そっちのけで、なんとなく素の自分で話に打ち興じたい気持ちになり、またそうやって裸になると、肌寒さを感じるどころか、しばらく味わったことのない清々しさを感じたのです。虚栄とは、脱ぎ捨てても寒くならない厚着をいうようです。

出合い頭から私は素っ裸で、その後もずっと裸を通しています。

「そもそも、私にはこのタキオンというのがわからない。タキオンというのは、宇宙エネルギーを製品化したときの、ただの商品名のように思っていたんだけど、タキオンっていうものは実際にあるんだってねえ。タキオン粒子っていうもんがね」

恥ずかしながら、まったく私はこの程度のものだったのです。深野氏の本を読んでも、空間にはエネルギー源の超微粒子が偏在しているという理屈がわかった程度。

タキオンについてはさっぱりわかりません。まあ、製品としては私が後遺症から立ち直った事実があるんだから、タキオンが製品のメカニズムにどう関係しているのか、理論など知らんでもよかろう、コンピュータの営業マンは皆バリバリの理科系で、回路の中身まで説明できる、というわけでもなかろう、と開き直っていました。また知ろうと思っても、製品はタキオンを取り込んでいるということだけで、メカニズムが明かされているわけでもないのです。

自分が救われたことでこの製品を普及しようと思った、というところに真実味を見てくれたのでしょうか。好意かどうかはわからないまでも、穏やかなその笑顔は、少なくとも軽蔑の冷笑ではないことだけはわかりました。たぶん。

「実際にあるかどうかはまだわからないんですけどね」

と訂正して、彼女はこう続けました。

「タキオンっていうのは、理論物理学の仮定の存在なんです。光速よりも速い粒子っていわれています。ふつうの物質は光速を超えることはできないんですけど、タキオンっていうのは光速よりも遅くなることはできないっていうんですからややこしいですね。タキオンという名前は、アメリカのファインバーグという物理学者が名付けたものです。たしかに、この宇宙エネルギー発生器のタキオンというのは商品名ということで、物理学でいうタキオン粒子が、この機械のエネルギーに関係しているかとなると別問題でしょうね。この機械が宇宙エネルギーを発生していて、実際にヒーリングパワーがあるというなら、それはタキオンというより、たぶん気のエネルギーに関係しているんじゃないでしょうか」

「なるほどね」

私は深々とうなずきます。何がなるほどなんだか、とりあえず、そう言うしかありません。

私は大変感心しました。このほかにもまだたくさん喋っていましたが、いま思い出せるのはこれだけで、舌を巻いたそのときの驚きだけは鮮明に覚えています。

私が反感を持たなかったのは、利発そうな、はきはきした話し方にもかかわらず、知識をひけらかすようなところが少しもなく、NHKアナウンサーのような控えめな物言いだったからでした（民放でないところがミソ）。

実記はものをよく知っていました。というと、「何でも知っていると思われるから本には絶対に書かないで」と固く止められています。でもまあ、これは無教養な私などから比べればという程度なので、あしからず、ということにしておいてください。

以来、私は実記からよくものを教わりました。西海式宇宙エネルギー発生器のベースになった、ライヒのオルゴンエネルギー、ライヘンバッハのオドエネルギー、楢崎皐月《ならさきこうげつ》の電位差理論もみな彼女から教わったのです。

本当に私は、精神世界とくくられるこの世界にうとく、その住人には常識らしい「アカシックレコード」という言葉を聞いても、テイチクとかコロンビアと同じレコード会社かと思って、「聞いたことのないレーベルだな」と言うほどなのに、そのたびに実記は笑いもしないで、どういうものか教えてくれました。

私はまた、彼女を積極的に字引がわりに活用してもいます。人間対人間というところではぶつかり合い、やり込められることはあっても、知識の引き出しということではブツブツ雑音も入らず、不快な思いをさせられたことは一度もないというところが、重宝しているゆえんでもあります。

人は、物や財産、権力などに対しては、それを持つ者は、それをひけらかすことに注意を払っても、こと知識になると、どんなに好感の持てる人物でも注意は緩みがちになります。特に論争になったりすると、知識合戦になって、「そんなことも知らないのか」とやり込めたりします。

私は無教養なだけに、知識人に対してはコンプレックスは大いにあります。それでも知識の量には、たいして敬意を払いはしません。大事なのは、それで何を考え、判断し、創造するかです。優れたドライブテクニックには敬意を払っても、ポルシェやフェラーリを持っているからといって敬ったりはしません。知識を誇るのは、財産を誇るのと同じほど滑稽です。

金持ちが天国に入るのはラクダが針の穴を通るより難しいとか、「幸いなるかな貧しい者」という聖書の言葉は、案外、知識の貧しさにもいえることではないでしょうか。なんていうことをいって、私は知識の貧しき者の言い逃れにしています。

ビーズが彼女の心をつかんだ

初対面のそのときに、彼女は妙な相談をしました。

「実は、うちのデパートで奇妙なことがたくさんあるんです……」

それは、こんな話でした。

古いなじみのお客さんが、こんなことを言ったというのです。

「病気で入院していたあの方、病気、治ったのね」

「えっ……？」

実記はギョッとして見返します。入院していたのはAさんしかいませんし、その客はAさんの上客でもありました。

「さっき、いらっしゃいませって、そこまで案内してくれたんですよ」

そんなはずはありません。たしかに同僚のAさんは病気でした。しかし、病気は治らず、とっくに他界していたのでした。

実は実記自身も、売り場で前から気配を感じていたのです。そこにもってきて、裏打ちをしようといわんばかりの、その客の話。それだけなら問題はなかったんですが……、と断って実記は話を続けました。

「とにかく、私の売り場はケンカが絶えないんです。部長や課長も、それまでにこやかだったのに、私の売り場に来ると、とたんに決まって人が変わったように怒り出すんです。二人とも温厚な人なんですけれど……」

「売り場でケンカしているときに、部長や課長が来るんじゃないの？」

いかにも気のせいだというように、私は茶化しました。

「いいえ。そんなことはありません」

彼女は生真面目に首を振ります。ミスをしでかしたわけでもなく、特にわざわざ怒鳴る必要もないほどの些事にもかかわらず、毎日怒声が続いているということで、売り場の雰囲気はささくれ立つし、不快な思いで一日を過ごさねばならないのがつらいというのです。

「どうしたらいいでしょう？」

百科事典のようにタキオンを説明する彼女も、霊には弱いようでした。

「どうしたらいいでしょうといってもねえ、私は坊さんじゃないからねえ」

私は唸りました。霊的な相談を受けたのは初めてです。私は、この手の話は不得手でした。

というより、当時、私は霊など見たこともないし、その存在を認めてもいなかったので、内心、興ざめした気持ちになったものです。ただ、彼女自身が霊を見たという話ではないので、たんに職場の雰囲気を改善しようと思っていると思えば、尽力したい気持ちにもなりました。

対処法など知る由もありません。なのに、私の口からすらすらとこんな言葉が出たのです。

「そのね、上司が怒りっぽくなるっていうのと、亡くなった人というのを一緒に考えなくてもいいんじゃなかろうか。とりあえず、このビーズを貼ってみたらどうかな」

率直にいって、口から出まかせというやつなのに、自分でも不思議なくらい自信たっぷりな処方でした。処方というほどのものでもありません。人の目につかないところにタキオン・グッズのビーズを貼れということで、二〇粒ほど渡したのです。

自己弁護すると、こういうのは気のせいもあるので、たとえ物理的な効果などないとしても、「これが効く」と断言してやることが、心理的な効果を誘うこともあるということで、あえてガマの油売りになってやった面もありました。しかし、ガマの油売り自身が、それで傷がピタリと治ると信じているかとなると別問題です。

それから数日後。実記がやって来ました。私に言われたようにビーズを貼ると、それからピタリと雰囲気がよくなったといって、礼まで言うのです。

「ああ、そう。宇宙エネルギーっていうのは、そういう効果もあるんだ」

驚いたのはこちらのほうです。へえ、そうなの、と本当に思ったのでした。

「えっ、だってそうすればいいっておっしゃったでしょう」

実記は唖然とします。

「ウソも方便、いや、ウソから出たマコトだね。私は物売りだからね」

それをきっかけに、一挙に距離が縮まったような気がしたものです。

プロポーズ

それから、実記はよく出入りするようになりました。

年甲斐もなく私は彼女を待ちわびるようになり、彼女が来るという日には、まだ来ないか、まだ来ないかと、窓からそわそわと外を覗くようになっていたのです。

ちょうどそのころ、ある人から形のパワーというものを教えられ、六角形にはどうも特別の力があるらしいということで、そこで実記に、一緒に「六角堂」という会社をやらんかね、と誘いをかけたのです。これは口から出まかせではなく、本気で思ったことです。

商談とは違い、君と一緒にやりたいものだという熱っぽさが込められていただけに、稚気丸出しだったかもしれません。日用雑貨の品々を、みんな六角形にして売りだそうというのです。

「ええ、いいわね。ぜひやりましょう」

実記は、あっけなく承知してくれました。それで二人で大いに盛り上がったものですが、後になって冷静に考えてみると、ちょっと心配にもなります。どうせ実現度の低い夢を、出まかせに喋っているだけだとでも思ったのか。

現実として考えてくれたとしても、こんなにあっさりというのはどうか。しかもずいぶん乗り気で。しっかりしているように見えて、世間知らずで案外だまされやすいのだろうかと、自分が誘ったにもかかわらず、心配にもなります。おれにはだまされても、ほかの男にだけはだまされるなよ、と。

お互いに、だんだん私生活のことも話に上るようになりました。彼女は二人姉妹の長女。父親はすでに亡くなり、妹は嫁いで母親との二人暮らしだといいます。

「もうお互いに年だし、結婚しようよ」

私が思い切って切り出したら、ごく自然に、ウン、と笑顔でうなずくだけ。喜んでくれたのはいいとはいっても、全然ドラマチックではありません。

それでもちょっと考えさせてというので、返事は延びるかなと思っていたら、二、三日後には正式に承諾の返事をもらったのです。面談してわずか三週間後。しかも、死に損ないの五二歳で、手に職もなく、金もなく、無学無才であることは十分に承知しているはずです。私は裏も表も、すっかり全部さらけ出しています。

その少し前は、高学歴、高収入、高い身長の「三高」という言葉がはやっていた時代です。このないないづくしの五二歳に、多少行き遅れ気味ではあろうとも、けっして知性にも容姿にも見劣りしない未婚女性が、どうして一緒になろうという気になるのか。不思議な話ではあります。彼女の気持ちにウソはないと判断しても、これまで騙される痛みをいやというほど味わいつつ世の中を渡ってきた私は、本気かどうか怪しい気にもなろうというもの。

ところが、それから間もなくして、彼女はデパートをいとも簡単に辞めてしまうのです。勤務年数も長く、責任のあるポストも与えられていたというのに。私には相談も何もなく、報告だけでした。どうやら本気のようです。退職してこれからどうするのと聞くと、なんとここで手伝うというのです。

「手伝ってくれるのは歓迎だけど、知ってのとおり、給料なんて出せないよ」

それはそれで嬉しいとはいえ、見かけによらない思い切った行動に、いささかたじたじになりました。

「ええ。食べるのに困ったときは、アルバイトでもして自分で何とかしますので、私のことはどうぞご心配なく」

実記はあっさりしたものでした。じゃあ、それはそうしてもらうことにして、お母さんと同居していたマンションは賃貸だったので、せめてそれだけは私が責任をもって支払うことを約束しました。

月収百万円より、夢見るあなたが好き

それでもさすがに、お母さんのことを思うと、金がないというのは男としてどうも顔向けできません。

そこで私は、I自動車から、月給五〇万円で社員に誘われていたことと、もう一つ、タキオン製品の別のメーカーで、月百万円の契約で来てくれないかという誘いがあることを打ち明けて、結婚するなら金がなくては話にならないので、この二つのどちらかに雇われてもいいという話をしたのです。ところが、実記はぴしゃりとこう言いました。

「そういうことなら私、結婚しても面白くもなんともない。それなら結婚の話はなかった

ことにしてください。私、それくらいの話ならこれまでいっぱいありました」

ああ、そうですか。哀しいかな、そう言われて初めて、そりゃあ、さぞいい縁談もあったんでしょうね、とひねくれてみたくもなります。

まあ、ここは、そんな嫉妬はお門違いで、それより、月百万円の月給取りにもなびかないだけの魅力がこの私に、裸の私にあるんだとプラス思考で考えたほうがいいのでしょう。それはわかります。とはいえ、金ではないらしいというのはわかっても、それに代わる何が私にあるのかとなると、いくらプラス思考でも具体的には思い浮かびません。だからこそ、安定した転職も本気で考えたのです。

私は月百万円で自分を売っても、実記を失いたくないと思いました。ところが実記は、そうすれば、彼女が魅力を覚えた価値が私から消え去るというのです。私が月給取りになることで、いったい私に失われる何があるというのか。

この話をすると、たいていの人は私にロマンを見たのだろうと簡単に言います。が、そのときの私には、いったいどんなロマンがあったというのか。坂本龍馬が海援隊を作ったのは、海の向こうにアメリカや欧州が控えているのが明らかだったからです。けっして夢物語ではなく、現実に裏付けられたビジョンがあった。

私など、ただ六角堂をという夢を語るだけで、ビジョンも何もありはしません。なに夢見てんだよ、と笑われても仕方ない。それに、そのときはまだ、自分で宇宙エネルギー発生装置を開発しようなどとは思ってもいなかったのです。

「でも、ほんとに食えないよ。こんな会社、あしたにも潰れるかもしれないんだから」

金のない苦しさなど味わったことがないのでしょう。食えないというのは貧しさのたとえではなく、本当にひもじいのです。おかゆだけで過ごさねばならない苦しさなど、想像もできないに違いありません。

私に何があるのかという謎々はさておいて、私はただ、まるで良心を捨てきれない詐欺師が、本当にこの契約でいいのかと再考を促すことで後ろめたさを帳消しにするかのように、危険な賭けを再確認させるだけでした。

「潰れたら潰れたとき。あなた、前に建築現場の作業員をやっていたことがあるって言ってたでしょう。体力には自信があるんですよね」

「まあね」

「だったら、ガードマンをやれば月に一五万ぐらいにはなりますよ。食べられなくなったらそうすればいい。私も五、六万はパートで稼ぎますから、二人で月二〇万あればなんとかなるでしょう」

「でも、お母さんはどうする？」

「そのときはそのとき」

　肝が据わっているというか、なんというか。男に流されるままどこまでも、というタイプではけっしてないのです。私のような根無し草とは違って、堅実な人間なのに、どうしてそんな大バクチが打てるのか、女とは不思議な生き物だと妙な感慨さえ浮かべたものです。

　後になって、聞いたことがあります。

「よくもまあ、あのときOKしたもんだよな。おれは自分じゃ、まあいい男だと思っているけど、めちゃくちゃ自信過剰でもないからね。そういえば昔、ある人から影が薄いって言われたこともあったなあ」

「それはその人の見方でしょうね。私には、あのときのあなたはとても輝いて見えたのよ。いまよりもずっと生き生きとしてた。そりゃあ私もいい年なんだから、恋愛もしたし、男の人から誘われることもあったけど」

「はい、はい」

「食事といえば、たいがいは気の利いたレストランでご馳走になったものだけど、おなか空いた？　って言われて、カップヌードルをご馳走になったのは初めてだったわね。もうびっくり。でも、イタリア料理やフランス料理なんかよりずっとおいしかった」

「なんたって、湯加減に愛情がこもっていたからな」

それはご馳走さま、という声が聞こえてきそうですが、カップヌードルしか提供できない男が、実記には輝いて見えたというのです。

六角堂の夢を語るのも、むさ苦しい番頭相手に語るのと、恋する女を前に語るのとでは、語る気合にも差が出るというものでしょう。ジュリエットの前では、話の内容を問わず、どんな些細な話にも目に星が宿ります。

それだけではなく、結婚しても経済的な心配をすることはまったくないだろうと思っていたと実記は言います。つまり、この男は、夢を実現する行動力もあると思っていたということ。そういう確信があったからこそバクチも打てたのかもしれません。でも、その根拠となると、カンでしかないというのですから怖いものです。

大バトルの日々

しかし、結婚を約束してからは、のろけるどころではありませんでした。すぐにケンカが始まったのです。

ケンカといっても、犬も食わないというやつだろうと思われるでしょうが、とんでもない。その有り様を目撃した知人にいわせると、もし階段の踊り場でやっていたら、どっちが突き落とされても不思議ではなかったというほどの勢いだったそうです（もちろん、突き落としはしませんが。少なくとも私は）。

実記は、とにかく私のやくざっぽいところを嫌いました。ものの考え方に始まって、物腰や口調、しまいには着ている衣服にまで累がおよびます。たしかに私のタンスには、縞々の派手なスーツしかありません。ネクタイや靴にまでケチをつけられました。彼女にすると、よほど趣味が悪かったようです。

考え方や態度は、こちらが非を認めれば反省し、改めるのにやぶさかではありません。しかし、趣味や感性の問題をとやかく言われても、これは良い悪いの問題ではないので、矯正などできるものではないというもの。演歌が好きだからといって、ジャズ愛好家から顔をしかめられる筋合いはないでしょう。顔をしかめられるのはまあいいとしても、罵倒される筋合いはない。

それでも、この数年の間には、彼女の色に染まったのか染められたのか、年齢とともに変化する食の嗜好と同じなのか、次第に派手なスーツは消えていき、いまでは自然に穏やかなものを選ぶようになっています。

「人を癒す宇宙エネルギーに携わっているものが、そんな考えでどうするの」

何かというと実記はこういって憤ります。それが万事にわたっての批判の出所でした。ここで私たちのバトル（？）を再現するのは、特に私の言葉が汚いだけに、さすがにはばかられます。つまらないことでケンカもしましたが、ここに記すべきケンカの大もとの原因を要約すると、こういうことになります。

私が宇宙エネルギーにかかわっていたのは、私がそれで救われたからだといっても、結局は、私自身が生きていくためのメシのタネにすぎないのでした。いくら宇宙エネルギーだ、タキオンだ、気だ、なんたらだといっても、そのときの私にとっては、羽布団やマッサージ器や万能調理器と同じく、人に売ってなんぼの商品にすぎなかったということです。

宇宙エネルギーで商売をしたいのではないと妻は言う

しかし、実記は違いました。彼女には、三次元的なこの世の法則を超えた、心の世界というものがありました。信仰といえばわかりやすいでしょう。パンのために生きるのがこの世だとするなら、神の言葉に生きる世界です。

といっても、実記には特別の神も信仰もなかったのですが。けれども、パンだけでは生きられないという、心の世界があったのです。月給百万円だけでは生きられないのです。これは実記だけに特別なものではなく、誰しも大なり小なりあるものだと思います。

そのような、心の世界の法則がこの世にも行われれば、世界は平和になるらしいのですが、この世はまるでそれを拒んでいるかのように、自己中心の物質的で殺伐とした世界になっています。パンだけでは生きられない世界を知らないからこそ、そうなるのだということを、実記は熱心に私に説きました。

パンだけでは生きられない、物質を超えた高次な心の世界の存在が証明されることはありません。

たとえば、病気でも事故でも、絶対に絶望的な状況から命が救われるというような奇跡がたまにあります。そのような、九死に一生を得るような奇跡的な生還の場合、人はよく目に見えない大きな存在に救われたような思いに満たされます。しかし、実際には神の救いの手などが見えるわけではないので、結局それは奇跡でも何でもなく、ただの偶然とか、本人の生命力のせいでしかないという常識に押されて、高次の存在に対する思いは一瞬心に宿っただけで、やがて日常のなかに消えていきます。

ところが、宇宙エネルギーというものは、目に見えない心の世界だけにあるのではなく、奇跡的な生還をもたらす、物理的な実用の癒しのエネルギーなのであり、さらに人を癒そうという利他の心が介在することによって、より大きく反応する道具のようなものだというのです。

この利他の心こそ、三次元世界の背後に存在する世界の、基本の法則になるそうです。宇宙エネルギーの発生は目に見えます(もちろんエネルギーそのものは見えませんが)。だから、宇宙エネルギーは、より高次の世界の証明でもあるのだというのです。

要するに、彼女の言いたいことを私なりにまとめれば、彼女は宇宙エネルギーで商売をしたかったのではなく、まだまだ底の知れない宇宙エネルギーという井戸の周辺にいて、癒しの水の分配に貢献したかったということです。

だいたい実記は、私たちが何カ月も暮らしていけるだけの大きなお金を持って帰っても、驚くふりもしてくれません。金庫にしまうわけでもなく、翌日もまだ、そのまま机の上に無造作に放置されています。さすがに、しまったらどうだと不機嫌に言うと、「誰もとらないわよ」の一言でおしまい。そういう問題でもないのですが。夫の操縦術としてはこれはどうか。

物欲がないわけではないものの、どうも金には無頓着。その代わり、「うちの製品で難病が治ったんだって」という話をすると、それはもう徹底的に褒めちぎってくれます。やはり、普通とは価値観が違うようです。

パンと癒し《ヒーリング》との葛藤

人にヒーリングを与える宇宙エネルギーに携わっているというのに、自分がもうかればいいというだけの営利主義ではいけない。客はネギを背負ったカモではなく、癒しを求めている私たちの分身だ。いくら商売であっても、人の利益を優先して誠実に売らなければならない。そうやって人のためにと思っていれば、お金は必ず後からついてくる。それが彼女のお題目。

私だとて、そのような成功の哲学、セールスマンの教則本のたぐいの金科玉条は百も承知です。高校を中退して東京に出てから、この三次元世界で、食うためにどれだけ汗を流し、ほぞを噛み、歯軋りしてやってきたか。そんな理想論で食う前に、まず体を動かし、セールスマンともなれば、訪問先のドアにさっと爪先を突っ込むしたたかさがなければ食えないのでした。

そっちが受け売りの哲学なら、こっちは自前の哲学だ。骨身を削り、生き馬の目を抜くようにして稼ぎ、億の金を転がしてはまた無一文という、商売人というかバクチ打ちとしての、身に染み付いた叩き上げ根性が、そんなきれいごとなど唾棄せよと命じるのです。「おれと一緒になるっていうんだからおまえも相当なバクチ打ちだけど、バクチのキャリアはおれのほうが年期が入ってるんだ」というものです。そこで結局、「デパートの売り子が偉そうなことを言うな！」と、怒鳴りまくることになります。

ただ、どんなに口汚く罵り合っても(口汚いのはたいてい私のほうなのですが)、たとえ階段の踊り場から転げ落ちることになったとしても、不思議なことに、私たちは別れようという気持ちだけはなかったようです。男女の、どうしようもなく離れられない関係を、よく腐れ縁といいますが、私たちは腐れるほどの時間を共有してさえいませんでした。

反発する遠心力の強力さに伴って、引き合う求心力もまた同時に感じていたような気がします。ただ、それだけの反発ができたのは、求め合う求心力の結合の強さを確信していたからこそだというほどの引力を、反発のさなかには感じていなかったのです。

小難しくいえば、建設的な愛情は前提にあったとしても、絶対に切れない紐帯《ちゅうたい》でつながっているという安心感は持たず、間違えばぷつりと切れるかもしれないという予想もないことはなかったということ。平たくいえば、男女の仲にも婚姻という関係にも寄りかからないで、私たちはきわめて真面目に、青臭く、批判し、向上を求め合ったということになりますか（ものものいいようですね）。

お互いに、これほどいやなことを聞かされたのは初めてだというぐらいの、壮絶なバトルを演じても、翌日、実記のやってくる時間が近づくと、私は窓のそばで、まだかまだかとそわそわしだします。実記は実記でちゃんとやって来て、カップラーメンをすすり、湯加減にこめられた愛の熱さに、胸を焦がして帰るのです。

実記は激しさを内に秘めた女でした。彼女を知っている人は、私と激しく罵り合うなど、まず私の作り話と思うでしょう。

ただし、けっして鉄火肌というのではありません。本質的なところで理に背くと思ったときには激しくぶつかるだけで、それ以外の日常生活ではいたって昔気質。古い言葉でいうと、世話女房の尽くす女だと言い添えておきます。

実記のおかげで目を醒まされたことはよくありました。私の目にはウロコがたくさんありました。しかし、そういう意味で、実記の目覚めに私が役立ったということは、まずまれでしょう。

思い出の片道切符

実記の予感は当たりました。結婚して間もなく、急に業績がよくなってきたのです。新婚の女房を質に入れることも、私が日雇いに出ることもなく、帆は順調に風をはらんだのです。

そのころには、こんな思い出深い片道切符もありました。佐世保から製品を見たいということで連絡があったので、実記を誘うと一緒に行くと言います。ただ、問題は旅費。二人分もあるのかどうか。

「いくら持ってる？」

　私がたずねます。

「三千円」

「三千円か……。でも待てよ、おれが五千円あるからなんとかなるか」

　こんな調子で、二人で八千円の道中です。戦艦大和ではないですが、片道切符で、商品が売れなければ歩いて帰ってこなければなりません。朝出発して佐世保に着き、喫茶店に入ってコーヒーを飲めば、昼時なのでせめてトーストをと思っても、もう財布の底が見えているのです。

　もはやバスにも乗れません。真夏、一時間かけて目的の場所まで二人でトコトコ歩きました。

「電気を使うという話ですけど、電磁波のマイナスはないんですか」

　製品を前にして、お客さんは尋ねました。

「さあ、どんなもんでしょうね。私にはわからないんです」

　悠々と私は答えました。はるばる徒歩で売りにきて、わからないと自信たっぷりに言う商売人など、まずいないでしょう。売れても売れなくてもいいというのならまだわかります。しかし、私たちは、売れなければ本当にヒッチハイクでもしなければ帰れなかったのです。助け舟を出してくれたのは、その家の奥さんでした。

「お父さんね、ここから電磁波が一〇出るとするでしょう。で、タキオンのエネルギーが二〇とするでしょう。だったらプラスマイナスで、一〇だけもうかることになるじゃないの」

奥さんが積極的にカバーしてくれて、特にセールストークをすることもなく、簡単に売れたのでした。

二百万円分ほど買ってくれることになり、内金を一〇万円ばかりいただきました。帰りはもう喜びいさんです。玄関を出るなり、顔を見合わせて笑いました。

「私はチョコレートパフェがいい」

「おれはミートソースの大盛りだ」

とても五十代のロマンスグレーと三十代のレディの喜びではなく、まるで十代のはしゃぎようでした。

その翌々日。沖縄から三、四件問い合わせがあったので、この十万円を元手に沖縄へ渡りました。十万円の半分ほどは支払いなどですぐに消えていったので、このときも片道切符です。売れなければ今度は徒歩もかなわず、泳いで帰らねばなりません。幸い、バクチの気合が功を奏したのか、二日で六百万円ほど売れました。

必要は必ずピタリと満たされる

それでもまだ、お粥から解放されたというだけで、まだまだ生活に余裕はありませんでした。

実記が妊娠したときも、まず頭に浮かんだのは金のこと。ところが、その翌朝には、郵便局から二百万円の振り込みがあったとの知らせが届いて、ほっと胸をなでおろしたものです。しかもその人は、たった一度の問い合わせだけで、それだけのお金を振り込んでくれたのです。

実記は、いわゆる高齢出産になるので、ふだんの慰労の意味もこめて、入院するときは絶対個室に入れてやるんだとこだわっていました。それが男の甲斐性というもの。これでなんとか実現できることになったのです。

天からのご祝儀と喜んだのもつかの間、あいにく個室は予約でびっしりとふさがっていたのでした。いくら婦長にお願いしても、先約があるのでは仕方ありません。せっかくのことなのに、私はとても残念な思いをしました。

六時一八分、無事出産となりました。ところが、これも面白いことに、まさにその直後に、いま個室のキャンセルの電話があったということで、産室の外で待っていた私に婦長が教えてくれたのです。キャンセルの電話が入ったのは、まったく出産と同時でした。婦長も、どうしてこんな早朝に電話をしようという気になったのか、こんな早朝のキャンセルなど初めてだと、とてもびっくりした様子でした。そうやって生まれたのが、息子の勇志です。

私たちの結婚については、以前から必然だという思いがありました。私たち本人は当然のこと、義母、つまり実記のお母さんからも、結婚の許しを得に伺ったときは、実記の相手は私しかいないと断言され、「結婚式なんて堅苦しいことを言わずに、今日からでもどうぞもらってやってください」と言われたのです。実際、実記はもうそそくさと荷物をまとめています。

「どうぞ私のことは一切心配なく。私が食べるぶんくらいなんとかなりますから」

私から経済的な生活の心配をされることを察して、義母はいとも軽やかに言うのでした。そうやって有り難く頂戴し、その日から実質的に結婚生活がスタートした次第です。この母にしてこの娘ありか、と私は大いに納得させられたものです。

また、結婚後、二人でオルゴンエネルギー製品を開発してからのことです。ある人が、どこかのいわゆる霊能者に実記をみてもらったというのです。この霊能者は、点数で評価を出すという人で、プラス六〇〇点と言われたとのこと。

いったい何の評価で、何点満点なのかもわかりませんが、でも、これは普通より高い数値のようです。後日、今度はあらためて、実記との関係は話さずに、私についてお伺いをたてたところ、なんと私の数値はマイナス六〇〇点。

それを聞かされて、おいおい、おれはそんなに低レベルなのかと笑いましたが、マイナスは評価の低さを表すのではなく、ある種の性質を表すそうです。霊能者は実記のことを覚えていて、前にみた六〇〇点の女性と私が結婚すれば、陰陽がうまく補い合った面白い関係になる、と語ったというのです。

魅かれ合い、恋愛関係にある男女というものは、運命的な縁だと思いこみたいのは世の常。必然といっても、そのときはまだ、そう思いたいだけではないのかという冷静な気持ちがありました。

しかし、子どもが生まれるにあたっての二〇〇万円と個室のキャンセルには、何やらたんに私たちが好きで結ばれただけではなく、はるか昔にすでに神前で契りが交わされていたような、いささか厳粛な気持ちを呼び起こされたものです。あるいは、それは親へのご祝儀ではなく、息子へのご祝儀だったのかもしれません。それとも、息子みずからの采配だったのでしょうか。

第二章

オルゴンエネルギー開発秘話①
ポケット・プラーナができるまで

まさに思いは実現する

「求めよ、さらば与えられん。たたけよ、さらば開かれん」という有名な聖書の言葉があります。

それは、神の国に至る道でなくても、なんでもそうです。ノックしなければ扉は開きませんし、一億円の宝くじも、実際に券を買わなければ当たりはしません。

求めれば与えられる。これは成功の哲学の基本法則にもなっています。

求めるということは、行動する前に、まず頭に思い描くところから始まります。パンが欲しいというときは、パン屋に買いに行くにしろ、盗みに行くにしろ、まずパンを思い描かなくてはなりません。

成功の哲学は、行動の前の思考に大きな重点を置きます。強く思考しさえすれば、賞味期限の切れたパンをただで配っている店先に出くわすかもしれないし、誰かが手製のパンを持ってきてくれることもある。

思考すれば現実は動く。さらに、棚からぼたもちもありうる、というのが成功の哲学の勘所です。極論すれば、強く願いさえすれば物事は実現するということ。ただし、「果報は寝て待て」といって、ただぼたもちが食べたいと思いながら漫然といびきをかいているようではダメで、強烈に願い求めることが大事だというわけです。つまり、どうせ寝て果報を待つなら、夢を強く描いたほうが、ぼたもちも転がってくる可能性が高くなるということ。

オルゴンエネルギー製品の開発にあたっては、よくできた偶然がしばしば起こりました。これが小説なら、あまりにもご都合主義で、読者はきっと放り投げたくなるに違いありません。しかし、まさに小説よりも奇なり、というのが現実なのでした。いくら現実的に努力もし、試行錯誤を重ねた背景があったにしろ、私はまるで券も買わないのに、当たり券が空から足元に降ってくるように感じたものです。

ノックするどころか、アポイントもしていないのに、ただそぞろに道を歩いていただけで、ふいに傍らのお屋敷の門扉が開いたかと思うと、そこに居並んだ天女が腰を屈めてこういいます。

「お待ちしておりました。さあ、どうぞ中へ」

そのような誘いに、めまいさえ感じてたじろぐ私に、天女はこういって促すのです。

「『癒しの扉』をノックしたのはあなたですよ。あなたはずっと求めていたのですから。さあ、オルゴンエネルギーの世界へようこそ」と。

携帯用装置を求めて、扉は開いた

最初は、宇宙エネルギーの発生装置を自分で開発し、製品化しようと思ったわけではないのです。そのような野心は何もありませんでした。

ただ、据置型ではなくて、簡単に携帯できる宇宙エネルギー発生装置があれば便利だなと漠然と考えていただけです。もちろんそれは、自分たちで使用するためのものでした。

私が嬉しかったのは、自分で開発してみたいという話をしたら、実記が大変乗り気で、一緒に考えようとしてくれたことです。六角堂よりも乗り気のようでした。

面白そうね、やろうよ、と飛びついてきたというより、私がそういう意欲を持つのがごく当然だというような受け止め方には、本当にこいつは不思議な女だなあ、とあらためて思わされました。

そもそも彼女は、宇宙エネルギーに特別の関心があったからこそ私と結ばれたので、応援しないわけはなかったとはいうものの、宇宙エネルギー製品の販売に携わるのと、新たな発生器を開発するのとでは大違いです。

またしてものろけになりますが、そのときは開発の夢を追うロマンより、二人で趣味を楽しむような愛情のロマンのほうが私には大きかったのです。実記がどうだったかはわかりませんが。

笑われるのを承知でいえば、ラジウムの抽出に成功したキュリー夫妻も、きっと科学者としてのパイオニアのロマンと同時に、夫唱婦随のロマンがあったからこそ、あのような凄まじい努力に耐えられたのではないかと思うのです。

「あれだけの困難な研究をあきらめずにできたのも、ラジウムをどうしても発見するんだという、大きな科学的な夢があったからなんですね?」

もし、キュリー夫人がこのような質問を受けたとすると、案外彼女はニコニコしながらこう言うかもしれません。

「いいえ、夫と二人で研究すること自体が楽しいからやっていられたんだと思います」

フリーエネルギー？

しかし、自分たちでオリジナルの宇宙エネルギー発生装置を開発しようとしても、科学者ではない私たちは、その原理さえわからなかったのです。

とりあえず私たちは、宇宙エネルギーについて、深野一幸氏の通俗書のほかに、参考になりそうな本を、書店を歩き回って片っ端から買い揃えました。

「これ、参考になるかもしれないわよ」

実記が手渡したのは、えらく堅そうな本でした。装丁からして文科系の方お断りというように、理工学関係の専門書然としています。

「『フリーエネルギー技術開発の動向』？　なんだ、これ？」

たまらん、というような声音で、私はそのタイトルを読み上げました。

「宇宙エネルギーとフリーエネルギーって同じだっていう話、しなかった？」

実記は責めもしなかったので助かりました。

「ああ、そういえば……」

彼女と出会ったころ、宇宙エネルギーと〝フリーエネルギー〟の違いは何かという質問をされたことがありました。フリーエネルギーなど知る由もなかった私に、実記はいくらかの知識を伝えてくれました。それも忘れていたほどですから、フリーエネルギーが何だったか、覚えているはずもありません。

概念として微妙な違いはあるものの、フリーエネルギーも宇宙エネルギーも、同じエネルギーをいうものです。ただ、宇宙エネルギーが、空間に満ちている、漠然とした潜在的エネルギーをいうのに対して、フリーエネルギーはどちらかというと現実にこのエネルギーを取り入れて、発電装置を開発しようとしている人たちの呼び名でした。

私は、自分が救われただけに、宇宙エネルギーは気と同じ「癒し」のパワーだということしか考えていなかったのですが、その汲み取り方によっては、なんと発電さえできるエネルギーだったのです。もしそれが本当なら、究極のエネルギーというものでしょう。

フリーエネルギー発電機は、「入力より出力が大きくなる」というのも驚きでした。たとえば発電機のモーターを動かすのに一〇〇ワットの電力を投入して、二〇〇ワットや三〇〇ワットの電力が生み出されるということです。もう少し目に見えるようなたとえをするなら、ポンプで水をプールに汲み上げるのに一〇〇ワットの電力を使い、それを放水して発電すると三〇〇ワットになったというようなもの。

熱力学の常識では、そんなことはありえません。ガソリン車がどんなに燃費をよくしようとしても、一〇〇%になることは絶対にない。それどころか、これはガソリン一リットルに対し、二リットルや三リットルぶんも走ってしまうということになります。

銀行に一万円預けて、一万二千円になって出てくるのは、銀行が打ち出の小槌を持っているわけではなく、銀行がそれを運用したからです。銀行から一万円借りて、三千円の利子を払う人がいるからです。物理学の法則以前に、それが私たちの常識でもあります。

ところが、フリーエネルギー発電装置は、誰も運用していないのに、一万円が何万円にもなって出てきます。具体的なそのメカニズムはまだ解明されてはいません。しかし、これは、空間から何らかの未知のエネルギーを取り入れているからだと考えられています。

つまり、それをフリーエネルギーと呼んでいるわけです。フリーとは、空間からエネルギーを勝手に制限なく取れるということで、自由と無料（ｆｒｅｅには〝ただ〟の意味もある）の両方の意味がこめられているとのことです。

発電するわけじゃないのに

改めて実記の説明を聞いて、私は顔の前で手を振りました。

「といったって、何も発電機をこさえようっていうんじゃないんだから。あくまで、水晶のようなヒーリング効果を出せたらいいなっていう話なんだろう。ま、水晶よりもっと力のあるやつだけど。それでポケットに入るぐらいのをな」

『フリーエネルギー技術開発の動向』（技術出版）を手にして、パラパラと頁をめくってみると、配線図やらトランスの図のようなものがたくさん目に飛び込んできました。そんなものを目にするだけで、私は拒絶反応がおきます。

仮に私も、宇宙エネルギーで発電しようと思ったとしましょう。そこで、たとえ様々な研究家が開発した、フリーエネルギー発電機の詳細な設計図や数式を見せられたとしても、とても私に理解などできるものではありません。ラジオの配線図でも私には無理です。

それに、みな独自の方法を探求してしのぎを削っているのでしょうから、企業秘密になるような、エネルギー発生のポイントとなる構造など、市販されている本などに明かされるはずもないでしょう。

ということで、私は本を投げ出しました。

「だいいち、こんなの見たってなあ……、おれがわかるのは深野一幸さんの本がやっとだよ」

「発電機は作らないとしても、宇宙エネルギーをキャッチするのは同じなんだから、参考にはなるんじゃない」

こともなげに実記はいいます。

「電気関係の専門家でなければ、参考になんかならんよ。高校もろくに行ってないおれなんかに、わかりっこないだろう」

「なにも全部読んで理解しろっていうんじゃないの。面白いのはね、どんな装置も磁石とコイルがあるってこと」

実記は私が投げ出した本を手にすると、頁をめくり、ほら、と言って、両手で広げたそれを屛風にして私の顔の前にかざします。

「発電しようっていうんだから、磁石やコイルは必要だろう。そのくらいはおれだってわかる。小学生の知識だよ」

「でも、深野さんの説だとね、ただの発電でも宇宙エネルギーが流入しているっていうんでしょう。コイルを回す運動エネルギーが、電気に変換されたなんていう物理学の説明なんて、説明にならないんだって」

「だけど、電気を起こすのと、ヒーリングパワーを起こすのとはなあ。ヒーリング効果のパワーっていうのは『気』なんだって、実記もいってただろう」

「気は宇宙エネルギーの一種なの」

「そうだとしても、気は電気とは違う。気は生体エネルギーなんだろう。それなのに、コイルと磁石で気をどうやって出すんだ。それとも、フリーエネルギーの発電機からは、気のヒーリングパワーも出てるのか。だったらフリーエネルギーの発電家ってのは、それで癒されているんだろうから、みんな病気なしだ。発電じゃなくて、ヒーリングを仕事にして食ったほうが早いんじゃないか」

私は笑いました。

「茶化さないでよね」

実記はにらみます。茶化したというより、私はあんな回路図から逃げたい一心なのでした。理工学書と格闘するぐらいなら、自分で開発しようなんて思いはしません。

「いやいや。それどころか、ただの発電機でも宇宙エネルギーが入っているんだとしたら、普通のモーターを患部に当てるだけでも病気が治るってことになる。気功師はお払い箱ってことだわな」

屁理屈だとわかっていながら、私はなおも畳み掛けます。本の山の中からもう一冊、『フリーエネルギーの挑戦』という本を手にとってパラパラとめくると、ある部分が目に飛び込んできました。このような都合のいい偶然が私にはよく起こります。

「おっ……、ここに、こんなことが書いてある」

私は、その部分を読み上げました。

――気がこのフリーエネルギーと同じものだと主張する人もいるが、気は、「元気、気功などと使われ、天地に満ちていて、生命の原動力となる勢いを示している」というように人や動植物の生命現象にかかわる部分のエネルギーとして指すものと解釈するのが妥当である――。

「なるほどな。なんだ……、これは実記の好きな、たま出版の本だぞ」

してやったりというように、憎らしげに言ってやります。

宇宙エネルギーは、電気にもなれば「気」にもなる

「こういうことなんだと思う。宇宙エネルギーは、まず汲み取り方というか、変換のしかたによっては電気にもなるのね。宇宙エネルギーの実体がどういうものかはわからないけれど」

私の上辺の刺《とげ》に反応するのではなく、逃げたい私の本心を察したのか、実記はあわてもせずに優しい声で応じました。こういう態度をとられると、私も弱い。

「実際にそれで発電している事実がある、か」

仕方なく、私は相槌をうちました。まださほどの出力ではないものの、フリーエネルギーと呼ばれる、空間から流入する未知のエネルギーによって、何人かの研究者の手で発電されているのは事実なのです。これは、超常現象否定派急先鋒の、あの大槻義彦教授も認めています。

「ええ。で、もうひとつ。気というものは、宇宙エネルギーの一種ではあるんだけど、すでに変換された後のエネルギーなんじゃないかしら。その本にあるように、生命現象にか

かかわる部分のエネルギーを指すものだっていうのは、その通りだと思う。というより、気っていうのは、宇宙エネルギーと別個のものではなくて、宇宙エネルギーのなかの、生命にかかわるエネルギーだって定義したほうがいいんだと思うのよね」

「変換された後のエネルギーっていうのは、一度生物を通ったものってことか？」

「生物とは限らない。鉱物も気を出しているっていうから」

「そうか、水晶も鉱物だったたな」

「そうね。生命体を含めた、広い意味の物質を通ったものっていうこと。だって、山や海の気もあるものね。人の健康にいい気を出す土地もあれば、悪い気を出す土地もある」

「つまり、気っていうのは、宇宙の高い次元から、三次元的にシフトダウンされたエネルギーっていうわけか」

「たぶん、ね」

「というより、たとえば電磁波がその波長の違いで目に見える光になったり、エックス線になったりするだろう。それと同じく、目に見えるのが気で、別なものが電気というのではないのかね。で、赤外線や可視光線なんかを引っくるめて電磁波というように、全部を引っくるめて宇宙エネルギーなんじゃないか」

「そうかもしれないわね」

なるほど、というように実記はうなずいてこう続けます。

「だから、いずれにしろ、宇宙エネルギーにはいいも悪いもないんだけど、気ってなんでもかんでもいいとは限らない。悪い気もある。濁った水が活性炭を通れば、澄んだ水が出てくるけど、澄んだ地下水も、汚染された土を通ったら汚れて出てくるでしょう。考えてみて。もし、この空間が宇宙エネルギーに満たされていたとしてよ」

「実際、満たされているんだろう」

私は途中で口を挟みます。

「だからね。宇宙エネルギーはどこにでもぎっしり詰まっていて、それがみんな気と同じで、はじめっからヒーリングパワーを持っているんだとしたら、どうなるの？」

「不健康な人間なんていないことになるわけだ」

「そう。だからきっと、聖地とか、病気が治るといわれる土地っていうのは、宇宙エネルギーの濃い場所っていうんじゃないのよね。山だとか、土壌だとか、水だとか、樹木だとか、空気だとかによって、気として変えられたエネルギーが、生体にいいプラスの波動を持っている場所なんだと思う」

実記は目を輝かせて言いました。

「要するに、宇宙エネルギーは一次エネルギーで、気は二次エネルギーであるってことなんだよな」

「宇宙エネルギーの波動化っていうところかしら。宇宙エネルギーも波動なんでしょうけど。水晶は鉱物。鉱物がヒーリングパワーの気を出すなら、宇宙エネルギーを、コイルや磁石でうまく人間にいいエネルギーに変換できることもあってもいいんじゃない？　人工的な気発生装置」

「なんだか、言いくるめられた気もするがねえ……。電気も気も、気に違いはないじゃなし、かね。♪解けて流れりゃみな同じ、と」

お座敷小唄を鼻歌にして、私は受け流します。

「そうねえ。生物だって電気が流れているし、生体磁気だってあるものね。電気も気も、もしかしたら本当に近い存在なのかもしれない。だいたい物質って、みんな電気を持ってるんだから」

冗談で言ったつもりが、実記は真に受けます。

「おれにとっては、違うほうがありがたい気がするんだけど。やっぱり、気ってのは、モーターを回すようなパワフルなもんじゃなくて、もっと柔らかい光のような波動というか、なんというかね……」

私はまた話を戻します。どうしても、電気回路に対する拒絶反応があります。いまさら数式に悩まされるつもりはありませんでした。

「光なら、太陽電池で発電できるでしょう」

今度は実記も、茶目っ気たっぷりにまぜっ返します。

「光というのはたとえの話であってね」

「でも、気だってやっぱり、けっこうパワフルなエネルギーがあるんじゃない？　だって、スプーン曲げだってできるんだもの。曲げるどころか、折ったりするんだから。スプーンの切り口を電子顕微鏡で調べると、力でねじ切ったのとは全然違う状態になっているんだって」

「それって気なのかね」

私は首を傾げました。

「え？」

「鉄を切るようなパワーと、人を癒すヒーリングパワーとが同じなんだろうか」

「たとえ気じゃないとしても、人間から出ているエネルギーに間違いはないでしょう。水だってシャワーにもなれば、高圧の細い水流で噴射して、鉄も切ってしまう技術もあるんだから。気は絶対、物理学的な側面があるはず。でなければ、肉体的なヒーリングができるわけないいんじゃないかな」

「どうしても、そっちに追い込みたいわけだね」

夜通しのこのような会話は、けっして頭の痛くなるものではなく、少なくとも私にとっては、とても楽しい時間だったのです。

コイルに秘密あり

電気回路への拒絶反応はあったものの、それでも実記に刺激されて、コイルと磁石について、あらためて考えてみることにしました。

フリーエネルギー関係の本を当たってみると、空間からエネルギーを取り入れる装置群の多くに共通するのは、ニコラ・テスラの時代から現代まで、特別な加工材料やエレクトロニクスなどの最先端技術を使うのではなく、磁石やコイルの使い方に秘密があるらしいということでした。

ニコラ・テスラ（一八五六～一九四三）は、交流発電機の生みの親です。電気関係の実用の発明のほかにも、テスラは早くもあの時代に、空間に満ちているエネルギーの存在に気づいて、それを取り入れることによって、入力より出力の大きくなる、テスラ・コイルという一種の変圧器を作っています。これはまさにフリーエネルギー発生装置であり、宇宙エネルギー開発のパイオニア中のパイオニアとして、その名を知られています。

テスラ・コイルはただ、コイルの巻き方と、火花放電による共振回路に工夫がされているだけでした。

半導体や液晶などになると企業でなければ話になりませんが、磁石やコイルレベルであれば、まだ町工場でも出来そうです。

コイルとは、絶縁した針金を円形やらせん状などに巻いたものをいいます。皆さんも小学校の理科などで、磁石とコイルで電流を発生させる実験をやったことがあると思います。コイルのなかに棒磁石を出し入れすると、コイルに電流が発生します。逆に、U字の磁石のなかでコイルを動かしても同じ結果になります。

これを電磁誘導といいます。「磁界を変化させると電流が発生する」。これがファラデー

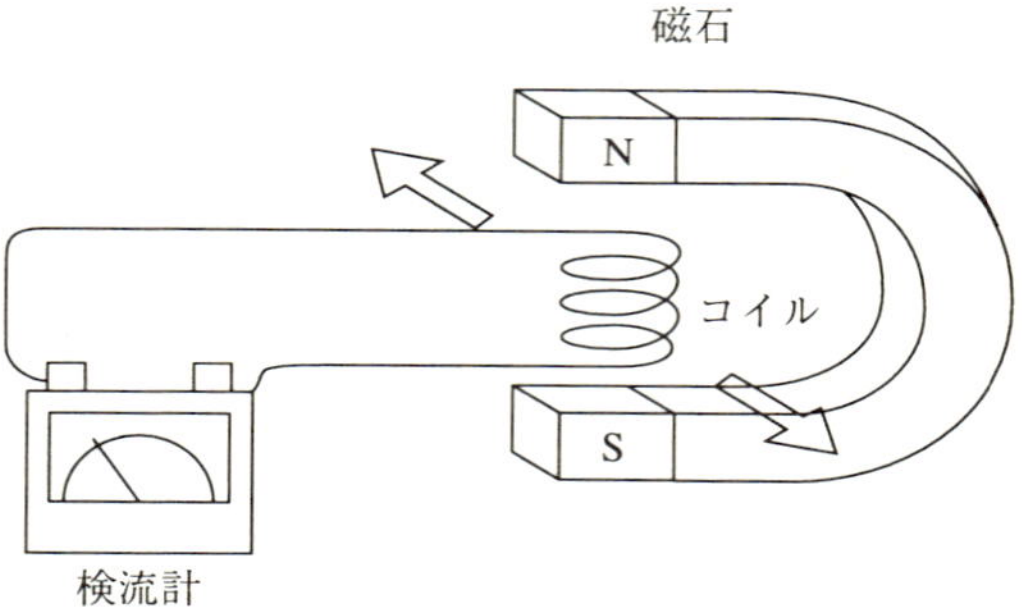
磁石
N
コイル
S
検流計

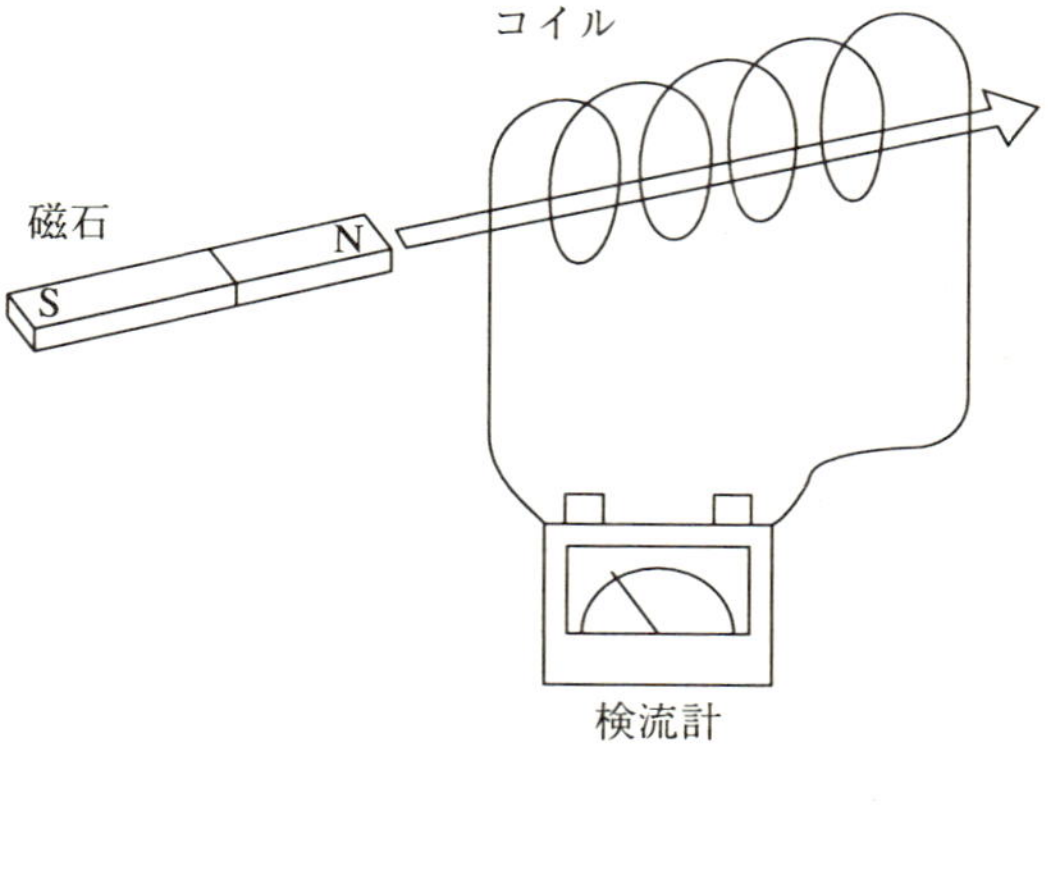
コイル
磁石
N
S
検流計

電磁誘導の原理

の電磁誘導の法則です。

これを利用し、磁界のなかでコイルを回転させて、連続して電流を取り出そうというのが発電機です。反対に、この発電機に電流を流してやれば、コイルが回転してモーターになります。モーターの作製に、エナメル線を巻いてコイルを作った経験はだれでもあるでしょう。コイルはこのように電気を発生させるための基本の装置です。

モーターのエナメル線は、「ソレノイド巻き」といって、ただ単純にぐるぐると巻くだけです。

しかし、その巻き方によっては、ただそれだけでエネルギーを発生させるコイルがあったのです。つまり、電源も駆動部分もなくていいということです。それがオルゴンエネルギーの扉を開く大きな鍵となったのでした。その巻き方とは何か。

メビウス巻きの脅威

『フリーエネルギー技術開発の動向』を眺めていると、ぱっと目に飛び込んできた図がありました。複雑な配線図のなかにあって、それは私にとって唯一わかる、ほっとさせる図でした。それは「メビウス巻き」と記されていました。

結論を先にいうと、このメビウス巻きこそ、宇宙エネルギーを汲み取るコイルの巻き方だったのです。

メビウス巻きというのは、清家新一氏が開発したものです。清家新一氏といえば、この世界では有名な人物です。メビウス巻きについて触れる前に、清家氏に敬意を表して少し紹介させていただきます。

清家氏は東大出の物理学者で、昨今の宇宙エネルギー・ブームのずっと以前から「反重力発生装置」の開発に取り組んでいました。その過程で「宇宙エネルギー発電機」が生まれたのです。

この発電機は、ただアースするだけで交流電気が発生する（！）とのことです。交流電気の発電のポイントは、メビウス巻きのほかに、コイルの材料として、磁化させた鉄のワイヤを用いたことです。ただ、電圧や電流はわずかしか発生していないので、発電装置として実用化するのはまだ先のようですが。

それにしても、たとえわずかでも、入力もせず、動力もなしで発電するというのは、驚くべき発明です。たとえどんなに微弱でも、既成の物理学では考えられないことです。これについては、正当物理学者の大槻義彦教授からすれば、そんなバカな、と恰好の餌食となることでしょう。

私は科学者ではないので、たとえ既成の物理学で説明できなくても、現象さえあればそれでいいのです。ありえないはずの現象がどうしてもあるのなら、既成の法則のほうを疑ってみてはどうでしょうか。利用すべき現象は、活用しなければ損というもの。

この清家氏の発電機の詳細なメカニズムはわかりません。また、実をいうと、『フリーエネルギー技術開発の動向』に注目したときの私には、清家新一などという開発者のことなど目に入らず、私が注目したのは、ただそこにあったコイルの巻き方の図だったので、私が清家氏という人物について知ったのは、それからずっと後のことだったのです。

その後、清家氏という存在を知ったあと、何かの本で、やはり清家氏のメビウスコイルの巻き方が描かれていましたが、それはとても真似ることなどできないほど複雑でした。たまたま、私が真似ようとしたのは、本来のメビウス巻きを簡素化して描かれていたものなのかもしれません。いずれにしろ、そうか、こうやって巻けばいいのかと導線を手にしたのが、すべての事の始まりでした。

当然ながら、清家氏は発電機を作ろうというのですから、メビウスコイルの先には、電流という電子の流れを取り出すための難しい回路が控えていたはずです。しかし、私は発電機を作ろうとしていたわけではありません。

メビウス巻きのコイルが、空間からエネルギーを発生させる。そのコイルの巻き方が私にもできそうだったからというただそれだけのことだけで、具体的にどこからどんなふうにエネルギーを取り出せばいいのかなど、頭に思い浮かべもしませんでした。

何かを発生させようなどというレベル以前の話で、図を見ながら、メビウス巻きというのはこうやって巻けばいいのかと、磁化してもいないただの導線を巻いてみただけのことだったのです。傍から見れば、カメラもないのにフィルムを買うようなバカげたものだったでしょうか。

もし、下手に電気的知識があったら、コイルに続く回路に考えを巡らすことはあっても、実際に導線を巻くことなどしなかったでしょう。

メビウスコイルの作り方

メビウス巻きというのは、当然、「メビウスの環」からきています。メビウスの環は、帯を半ひねりして端と端をつないだような形状をしています。

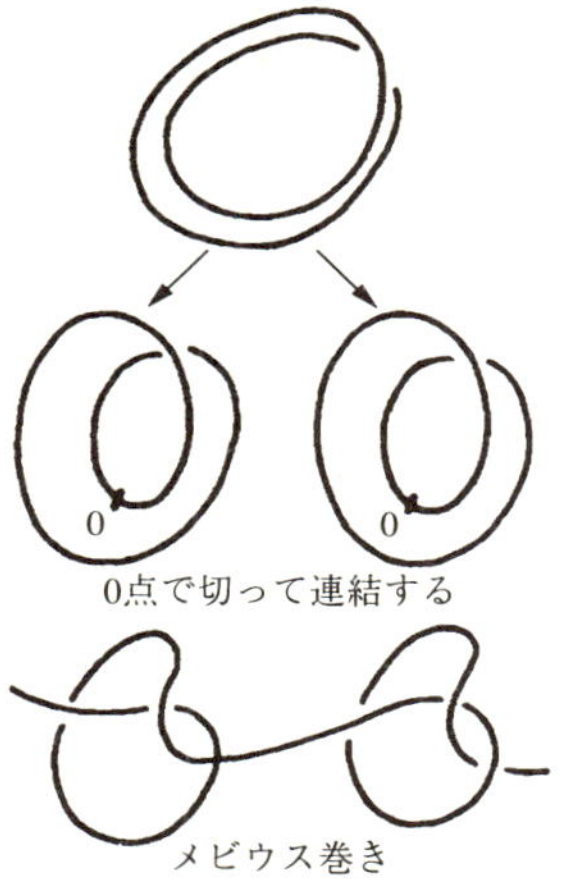

清家氏の「メビウスコイル」の巻き方（『フリーエネルギー技術開発の動向』技術出版より）

メビウス巻きというのは、このメビウスの環の表面に導線を巡らして、環を除いた状態の導線をいうそうです。これを上図のように0点で隣どうしをつなげると、導線を一回巻いて輪を作ったなかへ、その導線をくぐらせた形、つまりちょうど結び目の形となります。編み物のようにして、それを繰り返していけばいいわけです。

「こんな感じかな……」

私はまず、棒状のものに導線を巻いてみました。

「うん、そんなんでいいんじゃない……」

実記も電気関係は苦手だったので、何のアドバイスもなく、ただ私の手元を面白そうに眺めているだけでした。

「しかし、こんなもんでメビウスの環の巻き方になっているのかね」

メビウスの環というのは表も裏もない不思議な環です。それに比べて、この巻き方は単純でした。

　はたしてこれが、数学的に定義されるメビウスの輪の形状を、導線へ、やはり数学的に置き換えたことになるのかどうかさえ、私には理解できるものではありませんでした。それでも、これはメビウスの輪と等価の回路だという説明がありました。しかし、その説明も難しかったので、電気的な問題なのかと、なおさら理解する努力をあきらめました。だいたい、等価の回路という言葉で、もうすでにお手上げです。

「メビウス巻きっていうのは、清家さんがそう名付けただけで、〝メビウスの環のような〟ってことなんじゃないかしら?」

　何げない実記の言葉に、私は、はたと膝をたたきました。

「なんだ、そうか。それを早く言ってくれよ」

「わかんないけど」

　実記も自信がありません。

「プロレスの技の命名みたいなもんか。なんとかサンダースペシャルとかいった」

「なに、それ?」

私たちは、本当にその程度のものだったのです。

リングが呼んだパワー

まず、棒状のものに巻いて試した後で、何げなく棒状のものではなく、リング状のものに巻いたらどうだろうと思いました。

なぜそう思ったのかはわかりません。回路だから閉じているものだと思ったのかもしれませんし(リング状のものに巻いていけば、導線の両端が結びやすくなります)、ポケットタイプにしようというのだから、そのほうがコンパクトになると思ったのかもしれません。

リング状のもので手近にあったのが、セロハンテープでした。そこでとりあえず、セロハンテープを一周させたものを、一丁あがり、と実記の手に乗せてやりました。それを手で弄んでいた実記は、おや？ という顔で首をかしげます。

「これ、何か出てる」

実記の目が丸くなりました。

「何かって？」

「ホント、出てる、出てる」

手のひらに置いたそれを、もう一方の手のひらで撫で回すようにしています。

「だから、何が？　電気？」

「電気じゃないよ、気。気が出てる」

たしかに、実記は導線の両端をつまんでいたのではありません。それ以前に、電気が出るはずはないのです。

「といったって、これはただ導線を巻いただけだぞ。こんなもんで気が出るのかね」

「感じるんだから仕方がない」

「いったい、どこから出てるんだ」

当時、気功の訓練をしていたとはいえ、私の気に対する感覚はまだまだ鈍感で、実記ほどには感受性がなく、その微妙な波動を自分自身で体感することはできなかったのです。

コイルを巻いただけではどうにもならず、その後に何か工夫しなければならないという先入観もあったので、なおさら感覚が塞がれていたのでしょう。

「全体的にもわっとね」

実記の言葉で、私はコイルに電気を流したときの磁界のようなイメージを思い浮かべていました。

結局、私は自分の常識的な先入観よりも、実記の感覚を受け入れることにしました。それでも、宇宙エネルギーとコイルと気の関係について、私なりにこういう納得のしかたをしました。ただし、自分を納得させただけで、これで人を説得しようとまでは思いませんが。

まず宇宙エネルギーの効能として、ヒーリング効果がうたわれている。現実に、ガス事故の後遺症から私を救ったのは、宇宙エネルギーと呼ばれるものだった。

そこでまた、ヒーリング効果のあるエネルギーというのは、すなわち気だといわれている。だから、私を救ったのも、宇宙エネルギーのなかの気だということだ。その気が、試作したコイルから出ているという。

メビウス巻きのコイルが、たとえ電気を発生するためのメカニズムであり、また、コイルから気が出るというのが不思議であっても、それが宇宙（フリー）エネルギーを汲み取るメカニズムの中心部だとしたら、ヒーリングパワーとしての気が出ても不思議でもないのかもしれない。電気を発生させるには、このコイルからさらに複雑な回路が必要なのだろう――。

そのように、私のなかにおいて、物理的な操作によって捕まえられる宇宙エネルギーと、生体的な気とは、体感として受け止められる前に、なんとなくこのような回りくどい理屈で結ばれたのです。そこから、実記の体感を頼りに模索が始まりました。

二重リングの発見――メビウスコイルから西海式コイルへ

帯をつなげて輪を作り、その帯の中央にハサミを入れて一周させると、当然、帯は二つに分かれて、帯の幅が半分になった二つの輪ができます。

ところが、メビウスの環というのは、同様にハサミを入れると、ご承知のように二つの輪ができるのではなく、帯がひねられてつながった形の長い一本の輪ができます。さらにまた同じ要領でそれにハサミを入れると、今度は輪が絡まりあった二つの輪ができます。結び目がこんがらがった8の字のようです。清家氏のメビウス巻きというのも、8の字の結び目になるともいえます。

「メビウスの環なんていう面倒なものじゃなくて、結局、8の字に巻けばいいということなのかな……」

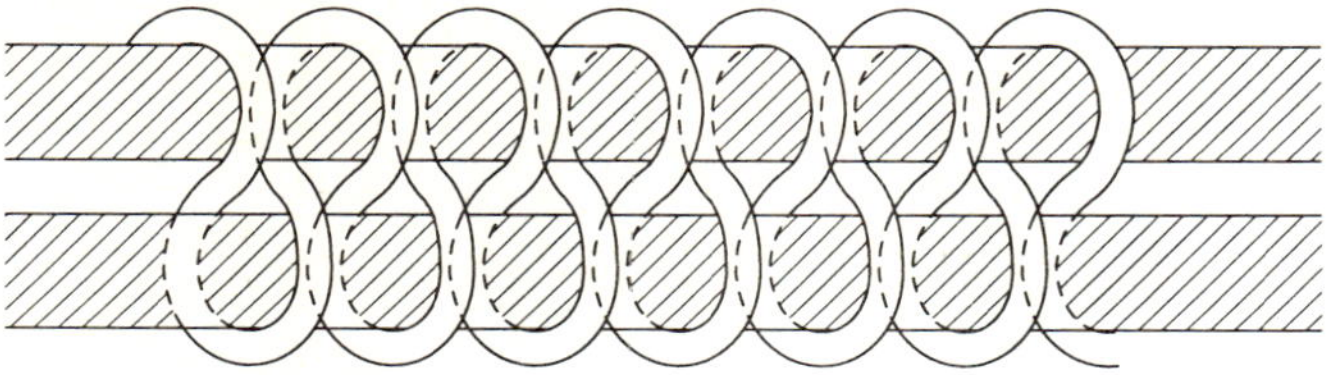

二重リング8の字巻き

電気的な話など関係なく、ただ見た目だけで単純にそう思うと、頭に〝電球〟が閃めきました。

「8の字で巻くんだとしたら、こうしたほうが簡単じゃないか」

私は人差し指と中指を立てて、その二本をたすきがけにして導線を巻いてみました。これならきっちりとした8の字になります。

「つまり、リングは二つあれば楽ってことか」

そう思うと、電球がさらに強く閃きました。早速、セロテープの輪を二つ重ねにして巻きつけてみます。一周ぐるりと巻いたものを実記に渡します。

「こっちのほうがずっと強く出てる」

それが、テスター・実記の反応でした。

「こいつは、〝二重リング8の字巻き〟ってところかね」

「〝メビウス巻き〟っていうほうがありがたそうだけど。なんだかどこか異次元にでもつながっているような気がして」

実記は笑います。

「たしかにメビウス巻きのほうが、それっぽく聞こえるわな。だけど、電気を起こすんだったらともかく、気を出すには8の字巻きだ」

メビウス巻きでは感じとれなかった私のセンサーも、この「二重リング8の字巻き」だと、なんとなくパワーを感じることができたのです。

感じることが大事

このコイルをあれこれと試作する過程で、この巻き方のコイルが、なんらかのパワーを出していることはもはや揺るぎがたい確信となりました。

それは、モーターを動かすような電流ではなく、やはり人体が感じられる微妙な波動、つまり気というのが一番ふさわしいエネルギーだったのです。駆動部分がなくても、ただそれだけで、空間からエネルギーを汲み取って、周囲に磁気のように放出しているのでした。

科学的な常識のもとでは、そんなバカなとお叱りを受けるでしょう。しかし、私がそれを感じたのだから仕方がない。これは現実です。

私は感性を何よりも重視します。論理や数学的思考をつかさどる左脳が、このコンピュータ文明を支えているのでしょうが、理屈に縛られて柔軟な発想ができないのが、左脳優位の現代人の落とし穴です。このような時代にこそ、閃めき（直感）や感受性をたえず磨いておかなければなりません。

現実とは、人の手に触れられ、感じられるために待っている宝石箱です。感性が鈍っていれば、せっかくの貴重な現象も、その貴重さを認められずに消え去ってしまいます。

科学的な発見も、常識外の事象に着目することから生まれます。天才的な一流科学者の大発見であればあるほど、希少な事象に対するアンテナが、よく磨かれていたものです。もっとも、そのようなアンテナなど、大発見とは無縁の、技術者レベルの科学者には不要でしょうが。

常識外の事象を吟味もしないで、気のせいだとか、ノイズとして見ないふりをするところに新発見などありえません。

しかしながら、人間は理屈好きな因果な動物です。残念ながら、私も例外ではありません。私たち夫婦も体験だけではなく、気の発生のメカニズムについて、朝方まであれこれと理屈をこねたものです。といっても、それは聞きかじりの知識のパッチワークにすぎなかったのですが。

理屈というのは、自分でこね回しているように思えて、反対にその虜《とりこ》となりがちです。理屈は、自分の正当性を訴えて、相手を切り刻むための真剣などにするものではなく、振り回して遊ぶおもちゃの刀程度にしておくべきです。

私たちの間では、宇宙エネルギーや気の何たるかについて、飽きることなく、それはもう何度も繰り返し語られました。

気でなくてもよし

生計のためにタキオン製品の販売をする合間を縫って、私たちは、数え切れないほど様々なコイルの巻き方を試しました。

私はいったん集中すると、寝食を忘れてとことん没頭します。以前の仕事仲間からは、私は遊んでいるように見えて、ここだと思うときは人の何倍もの集中力を発揮するとよく言われていました。

たしかに、そんなときは、自分だけ時間がギュッと凝縮されるようなというか、あるいは自分の身の回りがエレベーターの小空間に包まれて、地球の底に降りていくような妙な感覚を覚えるときがあります。

「この8の字コイルは、たぶん宇宙エネルギーを、人間の生命力を高める、気のような波動に変換していることは間違いないってことだよな」

あえて私は、気とはいわず、「気のような」といいました。

「それは確か。気よ。気なのは間違いないと思う」

実記は、何の疑いもないようでした。

「おれも気と同じように感じはするんだけど、でもおれは別に気でなくてもいいんだよ」

「どういうこと?」

「おれは気功師じゃないんだから。別に気の宣伝マンじゃない。ヒーリング効果があるなら何でもいいってこと」

「もっといえば、宇宙エネルギーでなくてもいいってこと?」

「そういうこと」

私はそっけなく答えます。

「私はもう少し執着してるな。宇宙エネルギーだとか、気だとかの看板を掲げたい」

実記は、わざと恋人をかばうような口ぶりをします。

「そりゃあ、おまえはもともとそういう世界が好きだから。おれはそういうところから始まったんじゃないからね。あくまで現実主義者であって、宇宙エネルギー教や気の信者じゃないわけだ。現実に働く力があればそれでいい。宇宙エネルギーでも気でもプラーナでもなんでもいいけど、これに違いないって信じ込んで凝り固まるっていうのはよくないんだ」

「どうして?」

「たとえば、おれたちのコイルから出ているものは本当に気なのか?」

「違うものだって思ってるの?」

実記は、いまさら何を、という顔をします。

「気でなければいけないってことはないだろう。まあ、気というのが一番妥当だとしても、気かどうかが証明されたわけじゃない。否定的にいうんじゃなくてね。たとえば、アマゾンの奥地にでも行って、新種の動物を発見したとする。本当はチンパンジーより頭がいいのに、ネズミによく似ているからということで、ネズミの飼い方をしたら、ネズミ並の知能になってしまった、なんてこともあるかもしれない」

「どういうこと？」

　私が早口で言ったので、実記は理解しそこねたようです。

「気なんていう既成の枠に押し込めて、気だというフィルターをかけて眺めていれば、せっかくの未知のパワーを限定させてしまうことにならないか。もしかして、気を超えたもっと凄いパワーが秘められているかもしれないっていうのに」

「電気も、メじゃないぐらいの？」

　と冷やかす実記も、私の言いたいことがわかったようです。

「それに、いったんこれは気なんだって思いこんだら、今度は気とはこういうもんだっていう既成の概念で、人にもアピールすることにもなる。自分でよく中身を確かめないで、レッテルを鵜呑みにしてものをいうってことだな。気の効能書きを見て、これは気なんですから、絶対健康にいいんです！　なんちゃって、右から左に横流し。もう一つ、おれがイヤなのは、信じ込んで凝り固まると、それが万能で、唯一絶対になってしまうことでね。何でも、それが一番だってどっぷりと思いこんでしまうところに、淀みが始まるんだ。絶対的なものなんて何もない。絶対だって信じ込むところに、堕落が始まるんじゃないか」

「どうして？」

「自分が絶対だと信じているものを否定されれば、必ず反射的に弁護するようになるだろう。そのうち感性が鈍ってくる。たとえば、ウチの子にかぎって悪いことはしません、なんていう親ばかってのは、子どもの非行の兆候も見逃すことになる。神や仏も、高次元の波動だなんたらっていうのも、絶対だなんて思わないほうがいい。何かを絶対視する前に、まず自分の感性を磨かなくちゃな」

「あなたは、科学者がやってきて、いろんな分析をして、『エネルギーなんて、なんにも出ていません』っていわれても、『ああそうですか。でも、効果があるんだからしょうがねえやな』っていうタイプよね」

「じっさい、これで元通りの体になったんだってな。おまえは、『気が出てるじゃないの、こんなに出てるのにわからないのッ！』か」

「叫びはしないわよ。もっとスマートにいうの。『気は測るものじゃない、感じるものよ』ってね。『でも、どうしても測りたいっていうなら、測れないわけでもないんだけど、あなたたちの雑な物差しじゃ、ちょっと計測は無理みたいね』なんていって、やっぱり気の宣伝はするでしょうね」

「宣伝っていうより、啓蒙してやろうと思うんだろう」

実記をやり込めてやろうというのではありません。宇宙エネルギーや気に執着していないというのは、私の本音でした。なぜなら、私の場合、レッテルから入っていないからです。

何でもいいから、私はただ、ヒーリング効果のある実用のエネルギーが欲しかっただけなのです。ヒーリング効果というのは、科学的には検証しにくいものだとしても、病気が癒される事実さえあれば、そこに働くのは私にとって立派に物理的なエネルギーなのでした。

私はけっして、東洋の神秘主義にかぶれていたわけではありません。目に見える現実世界の背後に隠れた神秘的な存在について、啓蒙したいという気持ちもありませんでした。気といっても、私にとっては、感じられる人には感じられる幽玄境の霞みのようなものではなく、あくまで誰にでも均等に降り注ぐ物理的なエネルギーだったのです。その潜在的なエネルギーをみんなにも教えて、大いに利用してもらいたいというノリなのでありました。

気はマイナスイオンの一面もある

私の言葉に影響されたのか、実記は気のレッテル以外のことも考えてみたようです。

「電気は電子の流れでしょう。電気が宇宙エネルギーの粒子の側面が強調されているんだとするなら、気はやっぱり波動の側面が強調されているのかもしれない。でも、生体にいいっていうことは、気はマイナスイオンの一面もあるのかもしれないなあ。気も粒子の面はあるんだから」

たとえ実記がどんなに素晴らしい女性で、そのうえ私と結ばれる運命だったとしても、もし初対面のときからこんな話を聞かされれば、思わず私は後ずさりしていたことでしょう。

「マイナスイオン？」

マイナスのイオンだということはわかりますが、イオンがよくわかりません。

「空間に漂っているいろんな粒子は、みんなプラスかマイナスに帯電してるの。どっちかに帯電した原子をイオンっていうんだけど、マイナスに帯電しているほうが人間の健康にはいいらしいの。森や海の自然にはマイナスイオンがたくさんあるんだって」

「マイナスイオンがあるなら、プラスイオンもある？」

「ええ。プラスイオンは健康によくないのね。空気が澱んでいるような感じのするところは、プラスイオンが多いの。部屋のなかを舞うほこりやダニや花粉も、みんなプラスに帯電しているんだって。それと、梅雨どきのように、空気中の水の粒子が大きいとプラスで、湿度が五〇％程度で快適なときは、水の粒子が小さくてマイナスになるそう。だから、瘴気っていうのも……」

「しょうき？」

「ほら、瘴気が満ちているなんていうでしょう。山や水辺なんかで熱病を起こさせる毒気。あれも、案外湿気の多い場所のプラスイオンなのかもしれない」

「つまり、マイナスイオンはいい気で、プラスイオンは悪い気ってところかね」

「そう。イオンは気そのものじゃないけど、そういう気の粒子的な側面を性格づけているのかもしれない」

　要するに実記は、いい気の要素として、マイナスイオンが含まれるということを言いたかったようです。

イヤシロチもマイナスイオン優位の土地だった

「楢崎皐月《ならさきこうげつ》という人がいるんだけど……」

実記は私の知らない名前を言いました。

「ちょっとした天才科学者なの。生物に与える影響として、環境のマイナスイオンとプラスイオンに初めて日本で注目した人なのね。そのほかにも、楢崎皐月については面白い話がたくさんあるんだけど……」

実に、楢崎皐月氏には、面白いどころか驚嘆すべき話がたくさんありました。

前著でも明らかにしていますが、その後のオルゴンエネルギー製品の開発にあたっては、ライヒのオルゴンエネルギー理論と並んで、楢崎皐月氏の研究成果がヒントになることになります。そのなかで、ここではマイナスイオンに関わる話を、かい摘まんで記しましょう。その前に、前著を読まれていない人のために、少しだけ人物紹介をします。

二十代で絶縁油を開発した楢崎氏は、その能力を軍部に高く評価され、戦時中、満州の陸軍製鉄試験所の所長として赴任。戦後は、星製薬社長であり参議院議員の星一氏（作家の故・星新一氏の父）からの依頼を受けて、その資金提供のもとで、「日本の新しい農業技術の開発」についての研究を請け負うことになりました。

農業は、土地の優劣が生産の大きな決め手となります。土地の優劣というと、ふつうは土壌の水捌けや栄養の問題などがあげられますが、楢崎氏が着目したのは、それだけではありませんでした。電気工学が専門の楢崎氏は、大地電流に着目したのです。

実は、楢崎氏は、星氏から委嘱される以前の戦中から、別の問題をきっかけにして、土地の優劣について独自の関心を持っていました。

製鉄所所長時代のことです。何カ所かに分散して小規模な溶鉱炉がありましたが、材料や溶鉱炉、生産過程もみな同じ条件なのに、場所によって生産される鉄の品質に違いがあることに注目しました。質の高い鉄が生産される溶鉱炉の周囲の土地には植物がよく茂り、質の悪い鉄が生産される場所は植物の生育が悪いか、まったく草も生えない荒れ地だったのです。

この二つに関連があるのでは？　という考えが楢崎氏の胸にありました。何かはわからないものの、これまで知られていない環境条件の違いが土地にはあるのではないか。そういう着想があったのです。

農業技術の開発の研究は、全国各地の土地の調査から着手され、それはすなわち地電流の調査となったのです。その結果、植物の生育の良好な土地（優勢生育地帯）は還元電圧を示し、生育の悪い土地（劣勢生育地帯）は酸化電圧を示すことがわかりました。この還元電圧というのがマイナスイオンであり、酸化電圧というのがプラスイオンといってよいでしょう。

優勢生育地帯を楢崎氏は「イヤシロチ」、劣勢地帯を「ケガレチ」と名付けました。これは、楢崎氏が偶然手に入れた、「カタカムナ」という神代文字で書かれた古代文献を解読した結果、その作者の上古代人が、よい土地をイヤシロチと呼び、悪い土地をケガレチと呼んでいたところからとったとのことです。

楢崎氏の調査の結果、イヤシロチ、ケガレチについては、植物の生育の優劣のほかにも次のようなことがわかっています。

イヤシロチに建てた建物は何百年たっても頑丈なのに、ケガレチの建物はすぐに朽ちる。イヤシロチに住んでいる人は、ケガレチの住人より病人が少ない。

牧畜では、イヤシロチで飼育される家畜のほうが、ケガレチのそれより全般的に健康状態がいいほか、成育も早く、鶏卵や乳牛の生産量も多い。

ケガレチの工場は不良品が多く、従業員の病欠も多い。

交通事故の多発する場所は、ケガレチに集中している、など。

このように、イヤシロチ、すなわちマイナスイオンの多い土地が示す性質は、よい気の効能と重なることがわかります。

私たちの宇宙エネルギー発生器が作る場は、このイヤシロチと重なる効果を持ちます。しかし、私たちが楢崎氏からヒントにしたのは、その電位差効果への着目であって、マイナスイオンを発生させようと思ったのではありません。私たちの宇宙エネルギー発生器は、マイナスイオン効果もあるのでしょうが、やはりそれは気の一部なのです。

後述するように、私たちの宇宙エネルギー発生器は、マイナスイオンが持つ電気的なプラス効果にとどまりません。既存の物理や生理学を超えた効能を発揮するのです。

オルゴンエネルギーの誕生

気エネルギーは、一般にメスメルの「動物磁気」やライヒのオルゴンエネルギー、インドでは古くからプラーナと呼ばれるエネルギーなどと共通しているものだといわれています。つまり、気もプラーナもオルゴンエネルギーもみな同じもので、研究者や民族によって呼び方が違うだけだということです。

「二重リング8の字巻き」、いわば西海式メビウスコイルから出るエネルギーが気と同じであるなら、宇宙エネルギーと総称されるものの一形態であり、これもまたオルゴンエネルギーやプラーナと同じだということになります。

宇宙エネルギーが、電気や気になる。宇宙エネルギーを水にたとえるなら、これは「水は氷にもなれば水蒸気にもなる」というのと同じようなものです。電気を液体の水だとすると、気はさしずめ水蒸気。どちらも水（H_2O）に変わりはない。

だとすると、動物磁気やオルゴンエネルギーやプラーナの違いは、たとえば気体状態の水を、水蒸気、靄、霞、雲、霧などと呼ぶようなものです。微妙な違いはあっても、本質はほとんど同じです。

西海式メビウスコイル以降、私たちが独自に宇宙エネルギーを開発するにあたっては、ライヒのオルゴンエネルギー理論に多くのヒントを得ています。ライヒの「オルゴンボックス」にあやかり、新式の「オルゴンボックス」を開発しようとも思ったので、このエネルギーを私たちは「オルゴンエネルギー」と呼ぶことに決めました。

コイルの試作は続いていました。テスラ・コイルは、通常のコイルが鉄芯を用いるのに対して、芯を用いない「空気芯」に秘密がありましたが、私は手当たり次第、いろいろなものに巻きつけて試行錯誤を繰り返しました。

その結果、芯によってエネルギーの強弱があることがわかりました。一番強力なのは磁石、次に金属、紙やゴムのような絶縁物は、エネルギーが弱い反面、柔らかな波動になります。

一番強力なのが磁石だとはいえ、磁石に巻くわけにはいきませんでした。なぜなら、ポケットなどに入れたりして身につけて携帯するためのものなので、磁石が体に密着すると肉体的に悪影響を及ぼすからです。それは私自身の体感であり、また実際に必ずしも磁石が体にいいとは限らないのです。

日本では磁石は無条件に体によく、磁力が高ければ高いほどその効果があると思われています。マットレスや枕、ネックレスなど、「健康磁気製品」が氾濫しています。

ある気功師の話によれば、気の流れは非常にデリケートで、的確な場所に小さな粒磁石を貼るだけで、即座に痛みや喘息の発作が治まることがあるにはあっても、痛む箇所にただベタベタ粒磁石を貼りつけるだけでは無意味だということです。反対に、ツボに消磁器を当てる治療法もあるぐらいなので、高ガウスのマットや磁気バンドなど、ただたんに気の流れを乱すだけかもしれないとのこと。

日本で相当普及している、粘着テープで貼り付ける粒磁石も、アメリカでは許可されていません。とにかく、むやみに磁石を貼るのは考えものです。

あれこれと模索しているうちに、コイルの巻き方のほかに、コイルを巻き終えた銅線の先に長さ一センチほどのアルミ線をつなげ、それをクリスタル（水晶）に接続させると、さらにパワーが増すことに気づきました。クリスタル球に穴を開け、そこに銅線とアルミ線を貫かせるのです。

そこからまた試行錯誤を続けた結果、クリスタルを貫いた銅線とアルミ線の先に、数珠の緒留めのように銅片を巻き付けると、さらにパワーアップすることがわかりました。

そのときの私は、そのようなエネルギーにはまだ鈍感だったので、微妙な強弱のテスターは、もっぱら実記の感覚に頼りました。

西海式メビウスコイルは、宇宙エネルギー発生装置として、私の知るかぎり、携帯用としては最大のパワーを持つことになったのです（けっしてこれが究極ではなく、これまで何度かモデルチェンジされ、いまなお最高を求めてレベルアップし続けています）。少なくとも、ガス事故の後遺症から救ってくれた据置型の製品より、ずっと強力であったことは間違いありません。

そうなれば、いくら私が救われたからといって、もはや以前の製品を売り歩くことはできなくなりました。明らかに、より上等な別のものがあるのに、それより劣ったものを人に勧めることができるでしょうか。

こっちのほうがずっといい。そう思ったのが第二段階でした。そこから製品化の願望が一挙に広がったのです。これが最高だと歴然としているものは、人に勧めるときの気持ちも大いにこもります。まして自分たちで開発したのですから。

魔法のリング

さて、それを実際にどう製品化するか。日曜大工的に、自分で製作して楽しむぶんには、材料もありあわせでよく、エネルギーさえ発生していれば、見映えという意味のデザインもどうでもいいわけです。

製作費についても、一万円かかろうが、十万円かかろうが問題ではありません。しかし、製品化となると、一定の規格と材料費の低価格化が不可欠ですし、ある程度の利益を生まなければ、継続して製作し続けることは不可能です。

まず探したのは銅線を巻き付けて、コイルを作るためのリングでした。それは、ポケットに入る程度の大きさが条件です。

リングなんて簡単に見つけられただろうと思うでしょう。ところが、現在使用しているリングは、簡単にこれがいいと着想できたのでもなく、すぐに買い揃えることができたわけでもないのです。

だいたい、まったくの素人なのですから、すべての部品の調達にさいして、たとえこれがいいと思っても、どこへ行けば手に入るのかもわかりません。魚や野菜を仕込むようなわけにはいかないのです。まして、単価や、その値段の妥当性もまったくわかりません。

たとえば、いまふと思った例をあげれば(どんな例でもいいのですが)、腰痛の効果的な解消法として、太いゴムバンドを腰に巻いて腰を廻すという方法を提唱している人がいましたが、そのゴムバンドはいったいどこに売っているのでしょう。

これぞと思う材質や形状のリングにたどり着くには、多くの試行錯誤を経ましたし、それなりの紆余曲折がありました。ところが、それに適う品物の調達にいざ出掛けてみると、何の苦労もなく理想の品を手に入れることができたのです。満を持して、まるで向こうからやってきたかのように……。

ポケット・プラーナだけではなく、オルゴンエネルギー製品を世に出すには、いろんなかたちで多くの助力を得ています。そのなかでも、何が一番の助けになったかといって、偶然ほど力になってくれたものはありません。

それも、私が求めていたからこその巡り合わせなのでしょうけれど、あまりにできすぎたグッドタイミングに、自分の頬っぺたをつねりたくなったのも無理はないでしょう。

具体的に話しましょう。

いまでこそ、なんでそんなものをと笑えもします。が、最初は水道の鉛管を考えたのです。直径がちょうどいいので、これを輪切りにすればいいだろうということで、実際に自分でスライスもしてみたのです。しかし、さすがにこれは時間がかかりすぎます。

とりあえず、金物の専門店で探せば何かいいものが見つかるかもしれないということで、実記と二人で探し回っても、ちょうどいい形状のものはどうしても見つかりません。

「ないわねえ……」

「ほかを当たるか」

この店はあきらめて帰ろうかとなったとき、実記の足元で金属音をあげて転がったものがあります。何かを蹴ったようです。あっ……、と実紀が反射的にそれを追いかけて、腰を屈めて拾い上げました。

「あら?……、ねえ。見て、これ」

実紀は目を丸くして、それを私の鼻先に掲げます。

「おう、こりゃあ、ぴったりだ。これだよ、これ。こいつを探してたんだ」

それが最初の偶然でした。いそいそと、それをカウンターへ持っていきます。

「これと同じサイズのリングが欲しいんですが」

「あれ? まだこんなものがあったんですか。どこにありました?」

店の担当者は、それを手に取ると、不思議そうに首を傾げました。

「棚にはなくて、床に落ちていたらしいんですけど。足で蹴ったのを拾ったんですよ」

「落ちてた? これは、うちではもう四年前に廃却してるんですよ」

残念ながら、こんな答えが返ってきたのです。

「廃却ですか」

私たちは落胆を隠さずにいいました。

「ええ。メーカーで製造中止になったので、うちも四年前には全部棚から処分して、店頭から消えていますので、床に落ちてるというのも変な話なんですが」

「どうしても、これじゃないとダメなんです。注文したら作ってくれますかね」

私は身を乗り出しました。

「数があれば作ってくれるかもしれませんが、数といってもですね……」

担当者は気乗りなさそうに答えました。それもそのはず。私たちが大量注文するメーカーだとは、とても見えるものではありません。

「ある程度の数は出ます。どのくらいから作ってくれるもんなんでしょうか」

「じゃあ、ちょっと聞いてみましょうか」

担当者がメーカーに電話を入れて尋ねてくれたところ、こういう回答が得られました。

「千個単位で注文がいただけるなら製造できるということです。型がまだ残っているそうですよ」

その一千個を注文するのに、私たちは何の躊躇もありませんでした。冷静に考えて、その数のぶんだけ、はたして製作できるのかどうかなどという計算もなく、ただ夢が現実に引き寄せられたという幸福感だけで決断していました。たとえ一万個でも同じだったでしょう。

巾着も向こうからやってくる

「よかったわね、ちょうどいいものがあって」

実記は喜色満面でした。

「しかし、よく一個だけ転がっていたもんだねえ」

「棚にあるならわかるけど、四年も前に棚から消えてる商品なんだものね」

「しかも、それを蹴っ飛ばすっていうんだから」

「ほんと、ジャストミートよね」

「黄金の左足だな」

タクシーのなかでも、私たちはしばらく浮かれていました。幸先がいいというやつです。

「あとはあれを何に入れるかだ」

ポケット・プラーナの中身はできました。あとはそれを何に入れるか。つまり、商品としての外装になる入れ物を探していたのです。これから探してみるかと、とりあえず博多区に車を向かわせていました。

博多区に入ったころ――。

「あれ、おかしいなあ……」

運転手さんが何やらブツブツ言いだしたかと思うと、急に減速して路肩に車が寄せられます。

「お客さん、すみません。どうも車の調子が悪いので、ちょっと停めますね」

昔から頻繁にタクシーを使っている私も、故障に出合ったのはこれが初めてでした。整備が万全のはずのタクシーが、故障とは珍しいこともあるものだと思いながら、路肩に停まった車の窓越しに外へ目を向けると、「〇〇ケース」という看板が目にとまりました。

「おっ、ケース屋さんか……。もしかしたらあそこにあるかもしれないぞ。ちょっと覗いてみるか。運転手さん、ここで降りますわ」

運転手さんに助け舟を出すつもりもあって、そう言って車を降り、特に期待もせずに店を覗いてみます。ところがそこには、まるでどうぞ私を使ってくださいといわんばかりの、おあつらえむきの袋があったのです。

それを思い出すとき、私はいつも月面に降り立った宇宙飛行士、アポロ一五号のジム・

アーウィンのエピソードを連想します――。

アーウィンは、後にジェネシス・ロック（創世紀の岩）と呼ばれることになった岩石を地球に持ち帰っています。それは、太陽系が四六億年前に一度に出来上がったという仮説を裏付ける一端となった、貴重な石でした。

採集した総計八〇キログラムもの岩石のなかでも、それは特別だったのです。それは、まるで「私はここにいます。さあ取ってください」と語りかけているように見えた、とアーウィンは語っています。手にとってみると、キラキラと輝いて、なんともいえず美しかったそうです。

大袈裟にいうと、アーウィンの感動が私にもあったのです。

金色に輝く小さなその巾着に、試作のコイル本体を入れてみると、小さくも大きくもなく、まるで計ったかのようにピタリと収まりました。本当に、測ったかのように。

「ほう……」

私たちには、まさにアーウィンの感嘆がありました。ポケット・プラーナの誕生です。

「私はここにいます。さあ取ってください」

かわいらしい巾着は、明らかにそう語っていました。特に加工することもなく、既製品

ポケット・プラーナ

のままで買い上げることができるというのは、大きな節約になります。

その巾着こそ、ポケット・プラーナの顔ともなっている、いまの容器なのです。無機質なオルゴンエネルギー発生装置に、温かみのある顔がつきました。ケースについては、どんなものにしようかというイメージは何も持っていなかったのに、まったく、これに勝る容器はほかにはなかったと思います。

あの深野一幸氏も、初めてポケット・プラーナを手にされたときは、その「顔」を眺めて、

「いいお守りだなあ……」

と、目を細めておられました。

一晩で一〇〇個完売

さて、顔ができたポケット・プラーナの運命やいかに？

タキオン製品の代理店をしていたころの私の部下に、宇宙エネルギーについては非常な知識を持っている人物がいました。ところが、商才となるとこれがまったくない。営業マンなんだけれども、販売能力はゼロ。

私は、この男にポケット・プラーナ一〇〇個を与えて実験を試みました。いったい、どのくらいの期間で売れるものなのか。パイロット販売のつもりで、彼がまあ一カ月で売りさばけたら、そこそこのヒット作になるのではないかと踏んでいたのです。

私は誤算しました。なんと、その一〇〇個がたったの一晩で完売してしまったのです。朝、福岡を発ち、宮崎と熊本の販売店を回って、夜中の三時には完売したとの報告がありました。

もっとも、販路を新規開拓するとか飛び込みとかではなく、当時の系列の販売店を回ったので、宇宙エネルギーということにおいては説明はいらず、いい製品さえあれば需要はあったのではありますが。しかし、それにしても、これまでの販売実績はゼロに近い男だったのです。

実験どころか、その後はもう作るそばから売れていき、製作が間に合わないくらいに多忙となりました。

「癒しの扉」を開いて、私はそのエネルギーに浴しました。それは私だけのものではなく、万人に開かれるべき扉だったのです。それを目指した本人が、それを忘れていました。こんなヒット程度で、驚いてなどいられなかったのです。

癒し以外の大きなプレゼント

人びとが癒される喜びを見るのは、自分が癒されるのと同じように大きな喜びでした。さらに、オルゴンエネルギーは、癒し以外のプレゼントをもたらしたのです。それが、マイナスイオン以上の効能を持つことの証しでもあったでしょう。

ポケット・プラーナが世に出て間もなく、受験シーズンを迎えたことが、その効能を浮き彫りにさせることになりました。

「うちの娘が、とてもダメだとあきらめていた高校に合格しました」

まずこのような受験合格の感謝の声が、次々に私たちのもとへ届いたのです。

さらにこのような報告もありました。

「暴走族に入って、荒れて手のつけられなかった浪人生の息子が、スパッと暴走族を止めて予備校に通い出しました」

これも、ポケット・プラーナを持たせた〝ご利益〟というわけです。

宇宙エネルギー発生器の名を冠された他社製品が、健康のほかに成功や幸運ももたらす効能があるとうたわれていることは知っていました。なかには、実際に効果があったということも耳にしています。

いわゆる、願望達成の「幸運グッズ」として働くということです。また、新聞や雑誌を手にとれば、水晶のペンダントをはじめ、恋人が出来たとか、ギャンブルで大もうけしたとかの体験談入りの、様々な幸運グッズの広告が出回っていることも知っていました。

実記から質問攻めにあう以前は、幸運といっても深く考えることはなく、お守りと似たようなもので、「脳のダメージを救うぐらいの力があるんだから、いいことがあっても不思議でもないか」というような程度に思っていました。

それにその広告も、「どんな汚れでも真っ白に落ちる」といった、洗剤や洗濯機の誇大さと同じようなものだと思って、どうして宇宙エネルギーで運がよくなり、棚からぼたもちが転がってくることになるのかという物理的なメカニズムについて、思いを巡らせたことはありませんでした。

私がポケット・プラーナに託したのは、あくまで私が元の体を取り戻せたのと同じヒーリング効果であり、幸運まで含めた万能の効果を求めたのではないのです。

しかし、私の手を離れて世の中へ出て行ったポケット・プラーナは、オールラウンドの効果をもたらすことになったのです。これは私にとっても驚きでした。

第三章

幸運効果のメカニズムを考える

宇宙エネルギーがなぜ幸運をもたらすのか？

宇宙エネルギーによって、たとえば末期ガンからの奇跡的な生還がもたらされたとします。たとえどんなに奇跡的であったとしても、それが生命現象であるかぎり、納得がいきます。なぜなら、宇宙エネルギーは気と同じであり、気の力としてみなすことができるからです。気功が、体内を巡る気を調整して生命力を活性化するというのでなければ、中国医学は成立しませんし、実際に有能な気功師によって、西洋医学が見放した難病から回復できたという例も多くあります。

それでは、宇宙エネルギーが幸運をもたらすメカニズムとはどんなものか？

病気が治ったという話ならともかく、気功師に気を注入されて、幸運がもたらされたという話もあまり聞いたことはありません。

幸運といっても、ずいぶん漠然とした話なので、実際に何がもたらされたのかと具体的にいうとわかりやすくなります。

受験に合格したなどというのは簡単です。これは、けっして驚くべきマジックでもなんでもない。何も採点者の目を狂わせて、点数を上乗せさせたというわけではありません。これは十分常識の範疇です。

感謝を寄せてくれた人たちの話をもう少し詳しく聞くと、ポケット・プラーナの効果は二つに分けられるようでした。すなわち、ポケット・プラーナを持って（持たせて）から成績が上がったというケースと、ポケット・プラーナを携帯して受験に臨んだおかげで、いつもよりうまく問題が解けたというケースです。

ポケット・プラーナを持ってから成績が上がったというのは、日常的に、やる気が出てきたということがあるでしょうし、勉強の能率がアップしたこともあるでしょう。試験に出そうな問題を選んで勉強するという、カンを敏感にさせたことも考えられます。

受験では、実力以上の学校に入って、「あいつがよくあそこに受かったな」と驚かれる例がよくあります。そういう人たちはよく、直前に勉強していた問題と同じ問題が出たということをいいます。

これについては私もいい例で、高校の受験では、休憩時間で覚えた問題が何問も出た体験をしています。運のよさには、そのような要領のよさが付いて回るようです。

いつもよりうまく問題が解けたというのは、本番に強くなったということでしょうか。

試験は一発勝負。オルゴンエネルギーが気を活性化することで、集中力が高まったり、覚醒水準が高まったことなどが考えられます。

ふだんの成績では無理な学校に受かったというのは、結果だけみれば幸運だというにしても、結局、オルゴンエネルギーは、その人の気力の充実や能力向上のために有効に働いたということです。まぐれではなく、自分の実力を十分に発揮できたのです。

もし以前のままだったら、潜在能力は引き出されないまま、それまでの慣性で依然として同じ軌道を進んでいたことでしょう。その軌道が修正されたのです。慣性で進むその軌道を運命といってもいいでしょう。

幸運の定義

悪い（非能率な）道を離れて、よりよい（能率的な）道に移行できること。まずは、そのような建設的な転換や成果を幸運と定義しましょう。たんにたまたま道端で一万円を拾ったというのは、本質的な幸運ではないということです。

また、一万円を拾って、それで飲みに行った酒場で、いい女の子と知り合ったというなら幸運ですが、宝くじで三億円当たっても、それがもとで命を狙われたら不運というものです。

運というものはたしかにあります。世の中、必ずしも実力がある者が成功するとはかぎらないことは、皆さんもよく体験されていることと思われます。

実力があっても、ここ一番というところでうまくそれを発揮できない人がたくさんいます。たとえば、受験でいえば東大へ入れる頭を持っていても、試験当日に熱を出して受験すらできなくなる。そのような巡り合わせの悪さを不運というのでしょう。

このようなことをあわせて考えると、幸運とは、突発的なツキや偶然の利益を得ることではなく、その人にとって、自分の価値がうまく発揮できるための、大局的な意味での機会や好条件をつかみ取ることだと私は考えます。

ポケット・プラーナは、それぞれの潜在能力を引き出し、うまくそれが発揮できるお膳立てをしたということで、これは合理的に解釈できます。運がいいというのは、何よりもまず、うまく実力が発揮できることだというのが基本中の基本です。

オルゴンエネルギーが「幸運を招く」というと、「この財布を持つとお金がどんどんたまる」というような、因果関係のわからない、いかにも安っぽい宣伝文句のような気がしますが、結局は自分自身の実力を発揮できるチャンスを広げ、さらにチャンスに強くなるということなのです。けっして棚からぼたもち式の射幸心をあおっているわけではありません。

努力も行動も必要です。ポケット・プラーナは、漁場にいながら、魚のとり方を知らないで飢えている人たちに、ただ魚を与えてやるのではなく、一番うまくとれる道具や漁法を教えてやるわけです。汗水流して魚をとるのは、あくまで自分たち自身です。

寄付は一回こっきりのボーナスですが、知恵は何度でも役に立ちます。

暴走族をやめて予備校に通うようになったというのも、別にポケット・プラーナが神サマやご先祖サマの目にとまるように仕向けて、その加護で軌道修正をしてもらったからではありませんし、またポケット・プラーナが、「そんなバカなことやめなさい」と囁いたからでもありません。

本人が、バカなことをやっている自分を自覚できるようになったからです。オルゴンエネルギーは、そのようなクリアーな意識を持たせるために働いたのだとはいえ、結果的に自分で気づいて判断したことであり、これも自分でつかんだ幸運でしょう。

一寸法師は、打ち出の小槌をたまたま拾ったのではなく、それなりの働きをした報酬として獲得したのです。

オルゴンエネルギーはツキも作る

幸運とは、結局は自力更生。そういうと、なんだか道徳臭い話になりますが、けっして天から降ってくるものではなく、自分自身が運ぶものだということです。

しかし、宝くじに当たるような、たまたま偶然どこからかもたらされる、突発的な「ツキのよさ」をいうこともあるのは事実です。

たぶん日常的には、そのようなツキの意味で使われるほうが多いでしょう。たいして仕事ができるわけでもないのに、リストラにまわされずに済んだとか、競馬で勝ったとか、自動車教習所で優しい指導員に当たったとか。そういうときの合言葉は、軽く「ラッキー」ということになっています。

残念ながら、まだポケット・プラーナで三億円当たったという話は聞いていませんが、自力では得られないような幸運をもたらすというなら、そのメカニズムはいったい何でしょう。

それでも厳密にいえば、一見偶然のように見えるそのようなツキも、実は自分の実力のうちなのです。

よく宝くじも買わなければ当たらないというように、そもそもまったく不運な人は、宝くじを買う気持ちにもなりませんし、良縁に恵まれることもなく、オルゴンエネルギーという言葉を聞いても、たんに耳を素通りするだけです。

たとえば末期ガンで医者からも見放された人がいるとします。不運な人というものは、その隣にどんなガンも治せる気功の達人がいるのに、まず気功が何かも知らないし、それどころか近所づきあいもなく、その幸運を生かすこともできないようなものです。

運のいい人というのは、たとえ気功が何かを知らなくても、たいがい、その達人のほうから、「顔色が悪いですがどうなさいましたか」と声をかけられて、頼んでもいないのに好意で治療をしてくれて、しまいにはガンも消えてしまう……ということになっているのです。

なかには、どんなに努力してもけっして報われることがないという人もいるでしょう。それは的外れの努力だからです。網で水をすくっても永久に水は汲めませんし、コンクリートの上に種をまいては、いくら水をやっても芽が出るわけはありません。

このように話を進めてくると、こう思われるかもしれません。

「オルゴンエネルギーは、潜在能力を引き出して、チャンスを確実にものにするだけの実力を養成するというのはわかった。しかし、さすがにオルゴンエネルギーも、偶然に支配されるツキまでは、どうしようもないと納得させようとしているのか」

いや、そうではありません。実をいうと、オルゴンエネルギーはツキも作るのです。

ふつう、私たちがツイているというとき、勝ち運がついて好調だ、いい波に乗っているというような意味で使いますが、ツキというのは大きな二つの要素があります。

一つは、巡り合わせというタイミングの問題であり、もう一つは、競争相手に打ち勝ったり、人に認められて優遇されるという人間関係のうえでの問題です。

「タイミング」については、これも偶然ではなく動物的なカンに属する能力だと思いますし、「人事」については、後述するように、これも意識の波動として、オルゴンエネルギーの効果で解釈できます。

オルゴンエネルギーの基本効果はまず潜在能力の増幅にある

ツキの大前提として、ポケット・プラーナはまず能力を十分に引き出すのだということが、使用者の体験談からわかりました。

ポケット・プラーナの体験談としては、このほかにも次のようなことが報告されています。いくつかピックアップしてみましょう。

・記録が伸び悩んでいた中学校の陸上選手が、ポケット・プラーナを身につけて走ったところ、これまでにない好記録が出た。

・ある病院の院長は、スタミナ不足のために疲れやすかったが、ポケット・プラーナを携帯したところ、以前よりも疲れにくく、回復も早くなった。

・ある塾では、ポケット・プラーナを持った場合と持たない場合を、計算力と連想力で試したところ、計算力が平均一八パーセント、連想力が平均三六パーセント、アップした。

・不眠症だったのが、ポケット・プラーナを身につけてからは(寝るときは枕の下に)、よく眠れるようになった。
・精神薄弱で自閉症の小学六年生が、それ以前はまず自分から外界に働きかけることはなかったのに、携帯して数日後から人に話しかけたり、肩をたたくなどと、人との接触を求めるようになった。
・契約がとれずに苦しんでいた化粧品や生命保険の営業レディが、スムーズに契約がとれたり、客を紹介されたりして、営業成績がぐんと伸びた。
・内気で引っ込み思案な性格のために、人付き合いがうまくいかなかった若い女性が、ポケット・プラーナを携帯して三カ月ほどたってから、友人からも人が変わったみたいだと言われるほど、見違えるように明るくなった。

これらは、オルゴンエネルギーが、精神的・肉体的能力の向上に働いたり、リラックス効果を施したことによる結果です。ポケット・プラーナはずいぶん色々と働いてくれるものだなあという感慨はあったものの、このような効果は、気エネルギーの効果として確かめられていることなので、さほど驚きはしませんでした。

オルゴンエネルギーは、意識波を増幅して人を動かす
――ポケット・プラーナはツキも呼ぶ

このほかにあらためて私が注目したのは、次のような例でした。こんなことが起きるなら、ツキを呼ぶといってもいいいんじゃないかと、瞠目させられたものです。

・ある運命鑑定家から結婚はできないと言われ、自分でもあきらめていた女性が、ポケット・プラーナを持ち始めてから二カ月後に、思いがけなく意中の人からプロポーズされた。

また、前著『癒しの扉』で紹介した、本谷潔水氏の体験談には、このような例があげられています。要約してお伝えします。

――本谷氏の叔母様が右手首を骨折し、市民病院の整形外科に通院することになりました。この病院は大変込み合い、朝早くに診察券を出しても、いつも診察まで半日以上もかかってしまい、まるで疲れに行っているような有り様でした。たしかに、三時間待ちの三

分治療といわれるように、いまではどの病院も似たような状態のようです。

この叔母様は、私の一冊目の著書を読まれて、ポケット・プラーナを購入されました。そこである日、ポケット・プラーナを携帯して、気を飛ばしてみたところ、その日は遅れて診察券を出したにもかかわらず、看護婦さんが便宜をはかってくれて、一番に呼ばれたのです。診察前に検査を終えて、診察とあわせて一時間で済んだとのこと。

看護婦さんの話では、この病院は必ずしも早いもの順ではなく、診察券を入れるタイミングがあるということで、診察券を出すべき頃合いを内緒で教えていただいたそうです――。

まず結婚をあきらめていたのに、意中の人からプロポーズされたというのはどういうことでしょうか。

これは、本人の生命力が強化され、生き生きとしてきた結果、人を引き付ける磁力になったと考えるのが、まずは合理的な解釈でしょう。きっと肌にも艶が出て、自信もついて、それが魅力となったのです。もっとも、病院の待合室のようなところでは、逆にいかにも病気でぐったりとしている人ほど、優先されるべきなのでしょうが。

たとえば、セールスの成績が上がったというのも、能力向上という点で、セールストークが巧みになったというより、人として魅惑的な色艶が出てきたというほうが当たっているでしょう。

それにしても、たんに磁力線を強化するだけなら、ほかの〝鉄屑〟もくっついてきてもよさそうなものなのに、望みのピカピカの〝ステンレス〟だけが誘引されます。

鉄屑やステンレスというのは、もちろんたとえです。どういうことかというと、営業レディが、魅惑的なフェロモンを出せるようになったとしても、つまらない男が群がるようになるだけでは困るということで、自分の思惑が狙いどおりに働いて利益をもたらすということです。

ここにこそポケット・プラーナ効果の魅力があるのです。

営業レディは、たしかに不特定多数を誘引するフェロモンが出るようになることもあるでしょう。さらにそれに加えて、一本釣りの針も遠くに投げることができるようになるのです。自分の気持ちを、特定の人物に定めて狙い撃ちします。だからこそ意中の人が〝釣れる〟のです。

能力が拡大するだけでは幸運は招けない

スターは何百万人もの大衆を魅了します。けれども、スター自身は、必ずしも自分が好きなたった一人の人間を魅了できるとはかぎらないのです。

自殺未遂をした中森明菜さんや、「劇ヤセ」した宮沢りえさんなどを見ればわかるでしょう。たとえ百人の人間から言い寄られても、自分が欲しい一つの恋がかなわないなら、いくらオーラがきらびやかに拡大しても、幸福にはなれません。

オルゴンエネルギーは、能力の拡大ということではスピーカーであるとはいえ、これはいわば指向性スピーカーです。人の意識や思惑を増幅し、さらにそれを方向を定めて発信します。願望を達成させたり、幸運を招くというのも、この効果があるからです。

どんなに丈夫だといっても、植物が冬に芽を出しては枯れてしまいます。オリンピック選手は、四年に一度の大会に照準を合わせてベストコンディションにもっていかなければなりません。

自分自身の能力を、ただ闇雲に拡大しても意味はない。能力を現実に有効に働かせるには、5W1Hのように、いつ、どこで、何（誰）に、という集中化が必要です。

たとえば、意のままに動かしたい現実というのが、人間相手であるなら、その心に思いを届かせる指向性を持つということです。いわば、共鳴力とでもいえばいいでしょうか。心の琴線を共振させる意識波動の力です。

いくら出力の大きな拡声器を口に当てていたとしても、自分の声を出さなければ音が出ないように、最初に方向性を決めるのは、あくまで自分の意識だということを忘れてはなりません。太陽光線をレンズで集めて火をつけることでたとえると、太陽光線が意識で、オルゴンエネルギーがレンズだということです。

だから、ただ漠然とお守りのようにポケット・プラーナを持っているというのは、宝の持ち腐れというもので、自分の能力の何を拡大したいのか、光を集中させて火をつけたいのは何（誰）なのかということを明確にすることが、効果的なオルゴンエネルギーの使用法ということになります。

夢や願望を現実化させるためには、ビジョンを具体的にしっかり描けという成功の哲学の基本法則は、このような意識の力学によっているのです。ただ漠然と金が欲しいというのではなく、具体的に何が欲しいのか、しっかり心に描けということです。

気功師の脳波と、受け手の脳波は同調する

それでは、人の心をつかむには、具体的にはどんなメカニズムが働くのでしょう。

気の世界では、脳波の同調という現象が知られています。これは、人の心を操作するということの直接の証明ではありません。とはいえ、大変興味深い現象です。

気功師が気を注入すると、相手は気功師と同じ脳波のパターンが出るようになるのです。日本医科大学の品川嘉也氏教授の研究によれば、たとえばベータ2波という脳波は、一般的には左脳にかたよっているのに対し、気を発しているときの気功師のそれは、左右に分離して現れるという、きわめて珍しい分布になるといいます。

気を受ける側も、この珍しいパターンを描き、気功師のベータ2波が時間とともに移動すると、同じように移動するのです。

「脳波に同調現象が見られるという事実は、『気』によってなんらかの『情報』が送り手から受け手に伝達されており、まだ解明されていないあるルートを通して、受け手の身体システムを変化させていると考えなければ、解釈できないことである。おそら

くそれが『気』の効果であり、脳波の同調現象はその効果のひとつの表現であると見てまちがいないであろう」（『気功の科学』光文社）

まったくそうだと思います。

気功師と受け手の間の空間には、肉体と肉体を接触しないで情報を交換できる、目に見えないルートがあるのは確実です。もちろん、ここには言葉による暗示や誘導もありません。

オルゴンエネルギーは気と同じといってもいいのですが、気よりも濃密な媒体として、自分と相手とを結びつけるのです。

気が言葉を脳に定着させる

気で人の身体動作をある程度操ることはできます。しかし、その精神にまで介入して、思いどおりの行動をさせるには、気だけではダメで、言葉がなければなりません。教育や思想、道徳や宗教にはじまって、洗脳や、ある決められた刺激で一定の行動を起こさせる後催眠も、みな言葉によるものです。

それでも言葉が巧みというだけでは、人の心の奥深くまでは動かすことはできないのです。言葉だけでは人は動かない。

私たちの身の回りにも、口は達者でいつもリッパなことを言うんだけれども、どうもウソっぽい、という人物が必ずいるはずです。巧言令色少なし仁、です。また、言うだけで行動が伴わない。政治家を見ればよくわかるでしょう。

言葉を相手に植え付け、しっかりと定着させるのが気の力です。言葉に真実味や迫力を持たせるのは、気の力にほかならず、気のない言葉に、人を動かす力はありません。

書家の手になる墨痕に、文字の意味もわからずに心を動かされるのは、そこに気の波動がほとばしっているからです。書道は、造形美というより、むしろ気を感じる芸術なのです。

声明《しょうみょう》も意味はわからなくても胸に響きます。声楽的な音響効果もあるでしょうが、これもまた気のなせる技。

これは言葉や文字を扱う芸術だけではなく、芸術全般にいえることです。電子音のメロディーより、アコースティックの生演奏に引きつけられるのは、そのほうが生の気があるからです。

脳波の同調現象からは、人の心をつかむ秘訣が示唆されているように思えます。人が人の言葉によって感動させられたり、煽動されたりするとき、脳波も同調しているのかもしれません。つまり、心をつかむということは、脳波をつかむということ。もちろん、その前に、心をつかむということは、気をつかむということです。

政治や宗教、商売や恋愛にしろ、人間社会というものには、人の心を動かしたいという様々な思惑が飛びかっています。ＣＭなんていうものは、そのものズバリです。

生物は、人間を含めて、求愛行動に大きなエネルギーを使います。オスどもはみな、こっちの水は甘いよ、と涙ぐましいばかりにアピールして、自分の遺伝子を遺すために、メスに気に入られようと必死です。アルマーニを着て、プラダやシャネルをプレゼントするのも、みな遺伝子保存のためのディスプレー。

当然ながら、すべての求愛行動が相手に受け入れられるわけではありません。心をつかむのは、相手の波長と合ったときだけです。

社会は、あの人の心をつかみたいという思念で渦巻いています。みな大声で叫んでいるのです。その大海をかきわけて、自分だけが受け入れられるには、効果的な波動を送信しなければなりません。

いまや日本だけでも、何千万個もの携帯電話の電波がとびかっています。その波をかきわけて相手の携帯電話につながるのは、相手の固有周波数の波動を発信しているからです。獲物を手に入れるには、相手（対象）の固有振動数を発信しなければならないのです。

自分のなかに相手の周波数がしっかり設定されているなら、オルゴンエネルギーは、思念の波動を増幅し、さらにそれが相手に伝わるための、波動の伝播媒体として働くのでしょう。

護摩壇いらずのオルゴン修法

次々に寄せられるポケット・プラーナの体験談を前にして、私が思ったのは、オルゴンエネルギーの効能は、密教の「四種法」と似ているな、ということでした。

四種法というのは、護摩による祈願のための修法のことで、その目的(祈願内容)によって、「息災」「増益」「敬愛」「調伏」の四つに分かれています。密教の一般向けの本には、具体的にそれぞれ次のような祈願があげられています。

息災——病気平癒、安産、身体健全
増益——商売繁盛、学力増進、家運隆盛、子孫繁栄
敬愛——恋愛成就、良縁成就、夫婦円満
調伏《ちょうぶく》——怨敵退散

これを見ると、四種の祈願が、それぞれどういうタイプのものかわかるでしょう。オルゴンエネルギーは、これらの効能を十分に発揮します。

息災というのは、無病息災とか息災延命という言葉で、寺社での祈願ではおなじみです。息災の意味は健康、無事ですが、もともと「仏力で災難を消滅する」という意味からきています。現在進行中の災いを鎮めることで、健康面でいうなら、これはヒーリングといっていいでしょう。私は、宇宙エネルギーの息災効果によって救われたのです。

増益は、もっといいことがありますようにということです。この守備範囲は広く、どんな願いもOKです。

敬愛は、増益の一種で、特に人間関係でうまくいくようにということ。

調伏は、他人の力をそいで、ダメージを与えようというもの。ポケット・プラーナの場合では、いやな人間を懲らしめるというのではなく、自分から遠ざけるという効果をもた

らしたようです。これも一種の調伏です。

私がガス事故の後遺症から立ち直ったとき、そのヒーリング効果が宇宙エネルギーのすべてだと思っていました。しかし本当は、この四つの効能のうちの息災の機能が働いたにすぎなかったのです。

オルゴンエネルギーにはまだまだ多くの効能がありました。人の意識を拡大するということでは、意識の持ち方次第で、まさに願望達成器になるといってもいいでしょう。

この四種法というのは、護摩を炊いて祈願します。護摩というのは、供物を火炉にくべて、願望の実現を仏に祈願する修法です。

これは祭祀儀礼として、古代ペルシャやインドから連綿と続いていることを考えれば、火はたんにパフォーマンスのための小道具ではなく、現実的に何らかの働きを持っているのかもしれません。

宗教学者などの説明によると、「古代の人間は、供物を炎にして天に上らせ、神仏に届けることによって、その加護をいただくというように考えていた」ということになります。つまり、神仏を頼みにした迷信というわけです。炎それ自体にパワーがあるのではなく、神に貢ぎ物を届けるための宅急便であり、通信機だということです。実際、古代人はそのようにして加護がいただけると考えていたのでしょう。

しかし私は、神仏の存在がなくても、炎を前にするだけで、奇跡的な力を生み出せるのではないかと考えるのです。おそらく炎というものは、気をうまく汲み出すための、心理的な誘導装置なのではないかと。

炎というのは、見ていてあきません。炎は、潜在意識に働きかける波動があります。潜在意識には、合理的な思考様式に毒される以前の、奇跡的な力を不思議とも思わない、いにしえの精神が宿っています。

また、炎はじっと眺めていると精神が集中させられます。そのようにして念を凝らし、意識波を収斂させて、気を濃縮していったのではないか。

ポケット・プラーナは、いわば護摩壇もいらず、火も燃やさずに、四種法と同じ効果を発するということです。

存在とは波動

密教に護摩法は欠かせません。しかし、どうしてそれで願望が実現できるのかについては、アカデミックな学者の本には説明などありませんでした。

そこで私が思ったのは、やはりあくまでもこの世は波動なんだな、ということです。存在はすべて波動です。

波動がブームだったせいもあって、波動関係の本をあれこれあさってもみました。それらは、物理学にのっとった波動学というべき科学系のものから、物理学の枠を超えた超科学系のもの、さらには願望を実現させるという幸運グッズ紹介のビジネス系のものまでありました。

ビジネス系のものは、どうしてそれで願望が実現できるのかについて、一見科学っぽく、もっともらしい理屈で説明されていましたが、そんなもんかいなと、?・マークのほうが先に立つばかりで、オルゴンエネルギー製品開発のためには役になど立たず、特に閃きを与えられたということもありませんでした。

それでも、本漁りのなかで、私がなるほどそういうことだったのかと、しみじみと感じ入った先人の知見と出合うこともできたのです。ただしそれも、ポケット・プラーナ以降の、現実の製作に役立つほどのものではありませんでした。しかし、願望とそれが実現される現実との間には、何らかの波動による共振現象が発生しているのだろうという確信が、いちだんと強化されるだけのことはありました。

それでは、知見とは何か？

それは、「光は粒子であり、同時に波である」という物理学の発見と、もう一つ、真言密教開祖、弘法大師空海の有名な言葉だったのです。

その言葉とは、あの「五大にみな響きあり」です。

五大とは、地水火風空のことで、仏教でいうところの存在の基本要素のこと。響きとは振動、すなわち波動のことです。空海はあの時代にすでに、存在は波動だと見抜いているのです。

この言葉だけで、私はオルゴンエネルギーの効果が説明され、自分のやっていることが確かなものだと裏打ちされたような気になって、有り難ささえ感じたものです。

これは、宇宙エネルギーを知ってから初めて知ったのではなく、以前から、おそらくI自動車時代に、何かの本で目にしてはいました。すっかり忘れていましたが、記憶の片隅にはあったらしく、この世は波動なんだと実感したとき、あの空海の言葉がなるほどそうなのかと頭によみがえり、身に染みて理解されたのです。

「五大にみな響きあり」。この言葉は、存在についての本質を見抜いた人間の、実に荘重な表現であるという思いが、時がたつにつれて、いや増しになってきています。神秘家は、その響きを感じることもできるといわれます。

奇跡を起こす呪文といわれる真言も、波動にほかなりません。

波動を伝達するのが気です。

人間にしろ事物にしろ、自分の思うままに周囲を共振させる。それを確実にするには、自分の意識の波動を拡大することです。

人を動かそうというときは、まず言葉による説得力を強くしなければなりません。しかし、言葉の巧みさだけで動かされないのが人間でした。

気力や気合、雰囲気などの言葉以外の力（波動）によって、人は動かされます。相手の感性や意識に直接働いて、自分のいいように動かす力を発揮するのが気の力なのです。

科学的にはまだメカニズムは明らかにはされていませんが、情報のやりとりは必ずあります。

言語を超えた感化力。これを発生するのがオルゴンエネルギーです。

自分にいいように人を動かし、状況を変える。

何事も意のまま、スムーズに事が運ぶということで、私はこれを「円滑化現象」と呼んで、ポケット・プラーナの特筆するべき効能としました。
五大に響きがあるかぎり、ポケット・プラーナは護摩の炎になり続けるのです。

第四章

オルゴンエネルギー開発秘話②
加速するオルゴンエネルギー

生活一変

ポケット・プラーナのおかげで、私たちの生活は一変しました。

朝起きたら有名になっていた、というどこかの芸術家の言葉があります。それほど劇的でも有名になったわけでもないにしろ、オルゴンエネルギーの海へどっぷりと浸からせる一大転機にはなったのです。

工場の入り口の明かりのスイッチを入れたつもりが、工場全体に明かりが灯って、生産ラインまでもがどっと一斉に動き出した、というような感じでした。ラインはまた、いったん稼働しだしたら、もはや止めるスイッチはないようでした。実際、止められないまま現在にいたっています。

作るそばから売れるのです。面白いのは注文に間に合わないというのではなく、作れば作っただけ確実に売れるということでした。二〇個作れば二〇個、三〇個作れば三〇個ぶんその日のうちに注文が入り、反対に何も作らなければ注文も来ないのです。つまり、在庫は常にゼロ。これは今でも変わらず、いくら作っても、ごく短期間のうちにさばけてしまいます。

「こいつら、なんだか自分らでもらい手を探してるんじゃないか……」

コイルが巾着に入って化粧されると、魂が入るというか、独自の意志を持って、在庫でくすぶっているのがいやで、自分らで行き先をたぐり寄せているような錯覚さえ覚えたものです。

たとえば、実記が出産したときのこと。当時、ポケット・プラーナの製作は、リングにコイルを巻くのが私の仕事で、それ以降、製品として完成させ、納品するまでを実記が担当していました。

出産休暇で、二十日間の予定で実記の手がなくなるということで、特に実記には夜中まで働いてもらって、事前に四〇〇個ほど余計に作っておいたのです。それにもかかわらず、産院から退院してすぐ、早速実記に製作を頼まなければなりませんでした。

「そろそろ、ボチボチでいいから手伝ってくれんかね」

きわめて丁重にお願いしたものの、やはり実記は口を尖らせます。

「だって、四〇〇個作ったでしょう」

いくらポケット・プラーナがかわいくても、自分で腹を痛めた子どもにはかないません。

何のために頑張って四〇〇個も作ったのよ、というものでしょう。

「もう一個もないんだよ」

なにも働け、働けとムチ打つわけではなく、出産休暇の一九日目には、在庫はすっかりなくなっている現実があるのです。喜ぶべきか悲しむべきか。

「えっ……」

さすがに実記も目を丸くします。子どもにはかなわないとはいうものの、ポケット・プラーナが売れてくれなければミルク代も出ません。

作るそばから売れるというなら、大量生産でずいぶんもうけただろうと思われるかもしれませんが、すべては手作業なので、当時はどんなに頑張っても、全行程を一人でやると、一日まず二〇個、最高で三五個が限度です。まだ人を入れようという段階でもなく、私たちは二人だけで、本当に寝る間も惜しんで製作していました。

それでも以前と比べると、経済的に一息ついたのは事実です。ある日を境に、それまで食べたいものがあっても、食べたつもりになっていたというほどの生活レベルであったのが、ためらわずに実際に口にできるようになったというところでしょうか。

私たちは寸暇を惜しんで製作に没頭していたので、実記も料理には手をかけていられません。それで、一円でも安いものをと、遠いスーパーに出掛けるというような節約に時間をとられることもなく、近くで外食したりできるようになったことが、当時は何よりも有り難かったのです。

私たちはどちらも金には無頓着なほうなので、金が入ってくるようになったからといって舞い上がることもありませんでした。実記が、あれだけの貧乏でも平気だということについては十分確認済みでした。そのうえ金が入っても平静という女丈夫ぶりに、あらためて感じ入ったものです。

病床にあって、たえず死の影にさいなまれていた正岡子規に、このような言葉がありまず。「悟りというのは、どんな場合も平気で死ねることだと思っていたが、それは間違いで、どんな場合でも平気で生きていることだった」。

人間の真価が問われるのは、貧したときではなく、案外、富んだときなのかもしれません。

円滑化現象を身をもって体験する

オルゴンエネルギー発生装置といっても、外装の巾着はどこか愛嬌があり、製品を生産するというよりは、なんとなくペットブリーダーにでもなったような心境でした。

ポケット・プラーナもまた、「行ってきまーす！」と元気に手を振って出ていくような気がしたものです。それだけ、愛着をもって送り出していたのです。これはいまもそうです。だから、作業時間だけをとれば大変そうにみえても、私たちはコイルを巻く作業もけっして苦痛ではなく、案外楽しいものでした。

一〇〇〇個、二〇〇〇個と出るにつれて、気や宇宙エネルギーに詳しい人と知り合う機会も増えて、黙っていても向こうから有益な知識がやってくるようにもなりました。それもオルゴンエネルギー効果の一つなのでしょう。

また、すでに円滑化現象が始まっていたのです。

まだ売れ出して間もないころのこと。リングに巻く銅線で、一番エネルギーの出る製品があったので、電気屋さんに千メートルほど注文したところ、在庫はもう五〇〇メートルしかないとのこと。ステンレスリングのときと同じく、これもまた生産中止の品で、九州にももう在庫はどこにもないだろうから、直接メーカーに交渉してみたらどうかということでした。

そこでメーカーに電話すると、やはりとっくに生産中止で、一〇万メートル注文してくれるなら生産するというのです。一〇万メートルというと、さすがに予算はオーバーしてしまいます。そこで私は一計を案じました。セールスマン時代のテクニックです。

「一〇万メートル一度に欲しいところですが、しかし、一度に送られてもウチは置き場がないんですよ。一年のうちに必ず一〇万メートルは買わせていただきますので、一カ月ごとに分けての注文ということでなんとかならないでしょうか」

これがすんなり受け入れられたばかりか、肝心の支払いはこれも思惑どおり、私が切り出す前に、向こうから先に、注文ごと、しかも発送してからでよいといってくれるのです。新規の取引なのですから、普通なら必ず前金を要求されるところです。

なぜかオルゴンエネルギー製品の製作にあたっては、このような便宜がよく付いて回ります。

話は一挙に飛んで九八年の末になりますが、ドクター・シャルモン（217ページ参照）

の製作用に、装置を入れるバッグを探していたときのことです。

まず東京の「タウンページ」を取り寄せ、目ぼしい鞄屋を一〇軒ほどピックアップして、最初に墨田区駒形のある会社に相談に行きました。相手をしてくれた常務さんが、たまたま宇宙エネルギーに関心があり、「ぜひお引き受けしたい」ということで、一軒目で話が決まってしまったのです。

そのせいなのかどうなのか。普通なら必ず内金が求められるのに、ここでもまた何の要求もなく、製品が届いてからやっと請求書が届いたのです。しかも一個一三五〇〇円と、下調べしておおよその見当をつけていた予算より、だいぶ安くなっています。

やはり、後で常務が言うには、本来は一八〇〇〇円なのに、何を間違えたか一三五〇〇円の請求書を書いてしまったとのことでした。しかし、いったんそう請求したからには、いまさら一八〇〇〇円の請求などできないと笑っていました。

さすがにその当時ともなれば、全額を一括して前金で支払うだけの用意はしてあったとはいえ、これもオルゴンエネルギーの指し金かということで、この便宜を甘んじて受けさせていただいた次第です。

胃痛がぴたりと止む

話はポケット・プラーナに戻ります。

ヒーリング効果を目的にして製作したものでありながら、そのうえ予想外の使用者の様々な体験から、何にでも効果が期待できるんだと驚かされ、まして作るそばから飛ぶように売れて、自分らの生活が潤い始めたというのに、私はまだ、ポケット・プラーナの効果に半信半疑なところがありました。

使用者の皆さんから先生と呼ばれ、たぐいまれな才能、天才的、神懸かりなどともてはやされても、それでもなお私が木に登れなかったのは、オルゴン波動（気）に対する感受性の鈍さにあったのではないかと思います。

私自身、たとえ製品の効果は間違いのないものだとしても、感受性が鈍くては、でかい顔などしていられないという気持ちがあったので、賛辞などとてもとても面映ゆく、事あるごとに、開発はすべて実記の感性に従ったということにして逃げ回り、賛辞はすべて実記ひとりに降りかかるように仕向けていました。実際、実記をテスターにしていましたし、知識の点からいっても、実記なくして開発などできなかったのです。

実記にはいい迷惑だったでしょう。実記も私以上に、おだてられて木に登るようなタイプではないのです。

「気」にうといその私が、ようやく自分の体で実体験できる転機がありました。

私は胃が弱く、長年胃薬が手放せない状態が続いていました。胃に激しい痛みがあったとき、ふと思い立って、ポケット・プラーナを何度か振って胃に当ててみたところ、何分かのちに胃痛はすっかり消えているのです。理由はわかりません。でも、振るというのは、ポケット・プラーナの機能を高めるなんらかの作用があるようです。

日を変えて何度か繰り返しても同じ結果で、胃にあてている時間を計ると決まって七分というのも何やら真実味があり、これは間違いないと、開発者本人が初めてそのヒーリング効果を確認したというわけです。

実をいうと、これまで語ってきたオルゴンエネルギーの効能についての、波動や気と絡めた理屈は、既成の宇宙エネルギー理論を、机上の論理で、もっともらしく頭をひねりながらアレンジしていったものでした。この理屈は、いまでこそ正しいという自信があるものの、頭をひねっていた当時はまだ、屁理屈か空論の感が拭えないものだったのです。

振るというのは、これも一つの振動（波動）です。みずからの体験を経て初めて、ポケット・プラーナというものは、共振現象によっていろんな効能を生み出せるのかもしれないと実感できたのです。

「こいつは何にでもいけるかもしれんなあ」

実記の前で、私は感慨を独り言のように口にしました。実記がどう返答したのか覚えてはいませんが、いまさら何を言っているのかとさぞ呆れたことでしょう。

風呂の水が変わった

そこでこれもまた、何げなく、これを風呂に入れてみたらどうだろうと思ったのです。胃痛が消えたその日の夜、早速実行しました。

ポケット・プラーナの完成品ではなく、以前に作っていた灰皿程度の大きさの剥き出しのコイルがあったので、それを防水のためにビニール袋に入れて密封し、浴槽に沈めます。待つこと一〇分。せっかちな私には、この一〇分が限界でした。

「実記、ちょっと確かめてくれんかね」

いつでも稼働可能、電源いらずの万能テスターに出動を要請します。

「いま入れたばっかりなんだから、そんなに早く効果は出ないでしょう。明日の朝になればわかるんじゃない」

実記は大人の口調で、大きな子どもをなだめます。

「でも、ちょっといいだろう。見てきてくれよ」

アイスクリームを作って、もう固まっていないかなと、一分おきに冷蔵庫を開けてはついてみる子どものようなものです。とても明日まで待てません。

しょうがないわね、という様子で実記は風呂場に向かいました。すると、

「うわっ！」

と、黄色い声。なんだ、なんだ、と私も風呂場に向かいます。

「水がぬるぬるになってる」

浴槽の水を手のひらで揉むようにして、実記の驚いた顔があるのです。

「そうか、そうか」

これはひとっ風呂浴びねばならんということで、湯に浸かってみると、このぬるぬる感は私にもわかりました。ぬるぬるというのがオーバーなら、明らかにまろやかになってい

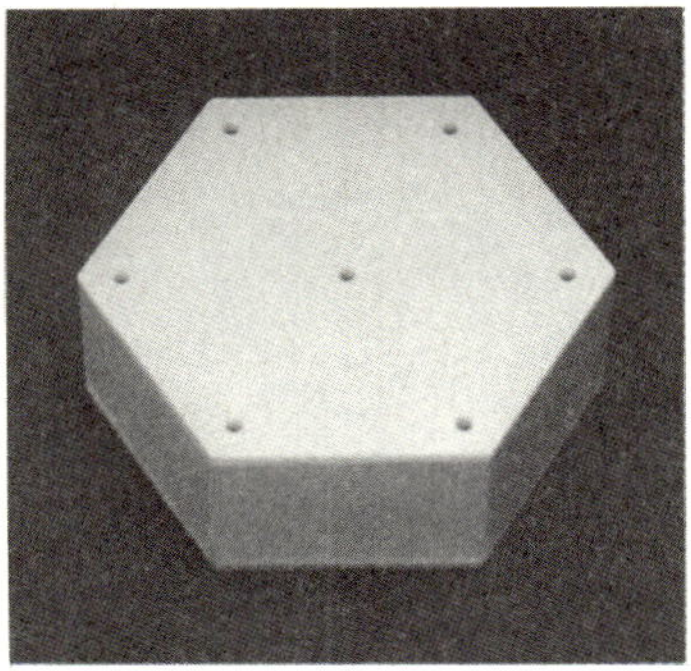
マルチ・プラーナ

ます。風呂から出ても、乳液でも塗ったように、肌がしっとり、すべすべで、体もいつもの湯上がりよりポカポカしています。

マルチ・プラーナ誕生

そこで、風呂用のオルゴンエネルギー製品ができるんじゃないかと思い、早速開発にとりかかったのです。開発といっても、本体のコイルはポケット・プラーナを大きくしただけなので、あとは浴槽に入れても不都合のない容器を作るだけです。外の容器はアクリル板を用いて、平べったい六角柱にしました。

製品にして販売してからしばらくすると、クレームがありました。なんとどういう加減か、アクリルが膨張して、ボールのように膨らんでしまったのです。すでに相当数が出荷されていたのに、こんなクレームは初めてです。風呂の温度程度ではこんなに膨張するはずもなく、湯を沸かしすぎて、よほどの高温にしたとしか考えられませんでした。

それでも沸かしすぎというのはよくあること。そこで、表面に現在のような穴を開けることにしたのです。以来、クレームは一件も発生しないばかりか、格段と湯のまろやかさがアップし、嬉しいことには売上げも三倍になったのでした。

まさにケガの功名。クレームがなければ、ずっと穴のないまま、売上げも三分の一のままだったことでしょう。

必要は発明の母といいます。オルゴン製品は、すべてがこの法則によってもたらされたものです。

オルゴンエネルギー効果を外に説明するときは、足もとをすくわれないように、マッドサイエンスにならないようにと、机上の理屈であれこれと言葉の組み立てに頭を悩ましたものです。難しくいえば、論理的な整合性を第一に考えてということ。

それに対して、オルゴンエネルギー製品の開発については、ポケット・プラーナに始まって、すべてが現実のごく身近なところに必要があって、じゃあちょっと工夫してみようかという、現実に根差した利便性の追求から開発されたものです。自分の手によって製品が現実に開発され、その効果が確認されてしまってから、さてそのメカニズムをどう説明したものかという塩梅でした。

もし派手なスーツを着ていたころの私だったら、アイデアマンを自任していたので、いったん何かでヒットでも出そうものなら、供給が需要を生むのだということで、それに類した新製品を、宝の山を掘り尽くす勢いで手を替え品を替え、次から次へと血眼《ちまなこ》で開発していたことでしょう。

当時の私は、人の役に立つかどうかなどどうでもよく、もうかればそれでよかったのです。仮に営利主義でなかったとしても、絶えず新しいものを出していなければ倒れるという、回転を止めれば倒れるコマの強迫観念に駆られていたようなもの。

いまから思うと、ポケット・プラーナのヒットで頭に血が上りもせず、どうしてそのような強迫観念に駆られなかったのか不思議です。現実生活において、こういうものがあれば便利だなという思いがあって初めて、すべてが開発されたのだといいましたが、こんなものがあれば便利だろうというのは簡単にわかるはずなのに、実際、身の回りの現実で、「こんなものがあればなあ」というシーンに出合わなければ、開発の意欲はもちろん、何の着想も浮かんでこなかったのです。

現在も、新製品を開発しなければという焦りなどなく、気持ちには大いにゆとりがあります。必要がそこにあって、私の興味がそそられれば、そのときはまた自然に開発の手が動いているでしょう。

私が芸術家？

ある人に、私は芸術家のようだと言われたことがあります。

「とんでもない。私は町工場のオヤジですよ」

というと熟練工の腕前もないので、町工場のオヤジさんたちから叱られます。芸術品を作っているわけではないし、ほとんど家内制手工業なので、こう言ったのです。

「町工場ならみんな下請けでしょう。それに比べて先生は、自分のオリジナルの作品を世に出しています。どこからか注文を受けて製作しているわけでもない。そういう意味での芸術家です」

こう言って、また私は持ち上げられました。

「私のは、作品というより製品、芸術品ではなくて実用品ですよ。生活向上のための道具です。だから会社名も、生活活性研究所なんです」

「それじゃあ芸術家以上のものですね。芸術家は喝采を受けても、病気が治ったということでユーザーから感謝されることはありません。最近は癒しがブームで、レコード店に行ってもヒーリング・ミュージックのコーナーがあるほどですが、音楽で癒されるのはせいぜい気分だけ。オルゴン・アートは実際に肉体の痛みも癒しますから」

「オルゴン・アートときましたか」

と言いながら、内心、オルゴン・アートというのはいい響きだと思いました。

「アメリカの内科学の祖といわれている、ウィリアム・オスラーという偉い先生がいましてね。彼の言葉にこういうものがあるんです。『医はサイエンスに基礎づけられているアートである』。ここでのアートというのは、技術といってもいいんですが、アートには手技という意味もあります。オスラーが言いたかったのは、医は肉体を分析する科学ではなく、人の体に手を触れ、心に触れる癒しの技なんだということでしょう。つまり、私が言いたいのは、オルゴン製品も、サイエンスに基礎づけられているアートなんですよ」

「なるほどねえ」

何を難しいことを言うのかと身構えたのですが、最後には思わず私も大きくうなずいてしまいました。

「それに、先生は生産のためにあくせくしていないでしょう。それが町工場のオヤジと芸術家の違いでもあります」

「いやいや、そう言われると、今度は芸術家を弁護したくなりますね。芸術家もあくせくしてるんじゃないですか。よっぽど天才じゃないかぎり、いつも次の制作のことで頭が一杯で、アイデアやイメージがいつ枯渇するのかと脅えているというのがほとんどではないんでしょうか？　そういえば、『流行作家は流行していないと作家でもない』というセリフを聞いたことがあります。みんな締め切りに迫られて、なんとか作品を捻り出して、制作に打ち込んでいるんでしょう。並大抵の苦労ではないと思いますよ。だから、やっぱり私は芸術家でもないんだな」

「いいえ、それは二流の芸術家というもので、一流どころは金のためには筆もとりませんし、気分が乗らないと腕も振るいません」

「そういうことなら、私は怠け者の町工場のオヤジなんでしょうな」

私は笑いとばしました。

正直にいうと、そのような悠然とした芸術家というのは、私も理想です。数年に一度大作を作って、数年は遊んで暮らせる金が入ってくる。

もっとも、それは誰しもの理想でしょう。みんな何かしら生産（仕事）に追われて、あくせくしています。でも、その生産は本当に必要なものなのかどうか。社会にとっても、自分にとっても。

「オルゴン・アート」は、たしかに人から感謝される癒しの製品です。下請けで製作しているわけでもなく、ノルマがあるわけでもない。私の気持ちの赴くままに製作され、また、いい材料があれば、内金に脅えることもなく、即金で支払いが可能な程度の資金の余裕もできました。オルゴンの魔術に感謝しなければならないことだけは間違いありません。

そうです。製品をグレードアップさせるためなら、どんな材料でも、金に糸目をつけず手に入れられる状況になったこと、また実際にそうやって手に入れるときほど、贅沢さを感じるときはないのです。

「おいしい水を飲ませたい」から開発されたマグネス・プラーナ

マルチ・プラーナで水と縁ができたなら、そこですぐに、飲み水にオルゴンエネルギーを与えるとどうなるかという発想があってもよかったのです。

気功の世界では、気功師が気を入れた水を気功水といって、これを飲むと元気になった

マグネス・プラーナ

高級ステンレスタンク

り、健康回復に効果があったりするといわれています。知識ではわかっていたのに、飲み水にオルゴン波動をというところにたどり着くには、夫婦で五島列島まで足を運ばねばなりませんでした。

といっても、わざわざ水を求めて五島に行ったわけではありません。結婚後、私の故郷を案内するということで、ただ新婚旅行がわりに旅しただけです。

暑い日でした。山歩きに喉が乾いても、頂上付近に来ていたので自動販売機もありません。

「おっ、水だ」

そんなとき、農家の庭先に、岩清水から引いてきたらしい水が、竹製の筧《かけい》にチョロチョロと流れているのを見つけました。喜んで近づくと、流れが細いうえに、筧は枯れ葉や砂ぼこりで汚れています。

「飲めるかしら?」

実記がいいました。たしかに、ここが山の上でなく、喉が乾いていなかったら口にはできなかったでしょう。

「だいじょうぶ、死にやせんよ」

といって私がまず飲み、続いて実記が口に含みます。

「おいしいわねえ」

黙々と飲んで顔を上げると、感嘆を息とともに吐き出しました。わが女房ながら、ステキな笑顔です。

「福岡でもこんな水が飲めたらいいわねえ」

何げなくいった実記の言葉に、やっと私は閃いたのでした。

「じゃあ、作ろうか」

自分でも不思議なほど、何の気負いもなく、ごく自然に口をついて出てきました。たぶん、日曜大工でもするように。

「えっ？　水を作るの？」

「いい水を作る装置をね」

と言ってから、笑いをこぼします。

「オルゴン飲料水ね」

「風呂の水が変わったんだから、飲み水だっていけるだろう」

「でも、なんだかもう完成品があって、棚から出すような言い方よ」

「たぶんどこかにあるんだろう。ただそれが分解されてバラバラになって、ジグソーパズルになってるだけで」

話の流れでただ思いついて言っただけだったのに、案外そういうことなのかもしれないと思いました。私はただ、ジグソーパズルのピースを組み立てるだけなんだと。

本当は、おいしいわねえ、と喜ぶ実記をかわいく思って、その顔を毎日見たいからと付け加えたかったところですが、これは胸に止めました。

バケツの水になぜか磁石が

そうやって、オルゴン波動水生成器、「マグネス・プラーナ」の開発が始まったのです。これまでのオルゴンエネルギー発生のメカニズムは、西海式メビウスコイルだけだったのですが、マグネスという名の通り、ここで初めて磁石が登場します。

磁石にたどり着くにあたって、ここにもまたよくできた偶然のストーリーがあったのでした。

宇宙エネルギー発生において、磁石がポイントになっていることは以前から知っていました。また、宇宙エネルギー以前に、使い方によっては気の巡りを磁石でよくできることや、メスメルの生体磁気説などから、生命エネルギーにも磁気が重要であることも頭にありました。

前述したように、ポケット・プラーナに磁石を用いなかったのは、身に着けることの弊害を考えたからです。だったら浴槽用のマルチ・プラーナの時点から磁石を用いればよさそうなものを、その時点ではまだ、磁石を使うという発想は浮かばなかったのです。ただ、いずれ応用しようということで、磁石は多数用意していました。それなのに、各種の金属に導線を巻いてコイルを作り、水に入れて効果を試すことはあっても、あるきっかけが来るまでは、製品に磁石を利用しようとは思わなかったのです。その辺りの頭の構造が、本人の私でもわからないところです。

あるとき、観葉植物が水をやり忘れていたらしく、しおれかかっていました。そこで、バルコニーの窓辺に置いていたバケツの水を鉢にやり、また霧吹きに汲んで吹きかけたところ、ごく短時間で青々と、見事に回復したのです。

水が足りなくてしおれている植物には、水をやるとピンとなるのは当然です。それでも、あまりに早く劇的な変化だったので驚いたのです。何か特別なことでもしたのかと頭をひねっても、ただ水をやっただけ。なんだろうな、とあらためてバケツの水を覗きこむと、底に磁石が沈んでいたのでした。

「やっぱり、磁石か……」

それが種明かしだったのです。

なぜそんなところに汲み置きの水があったのかというと、仕事場にしていたマンションのバルコニーに鳩がフンをするので、それを洗い流すためのもので、残った水を鉢植えにと、そのままにしていたようです。

誰だい、磁石なんか入れたのは？　などと聞く必要はありませんでした。入れたのは私だったからです。

たしかに入れたのは覚えています。しかし、どうして入れたのか、動機をまるで思い出せないのです。まったく、何げなくとしかいいようがありません。

そのときになってやっと、磁石の利用に思い至ったのでした。

なんだか私のやっていることは、頭の上に掛けているメガネを探しているような、あるいは、いくらでも近道があるのに、あらかじめインプットされている古い道順しかなぞれないような、融通のきかない堅物を演じている気がしたものです。

目的地には必ず到達できるようにはなっている。ただし、一定の回り道が課せられて、それをクリアーしなければならないという、そんな不合理な条件のようなものを感じたりもしました。

やはりどうも私は、観念的な着想だけで製品を開発するというのは無理らしく、現実からヒントを与えられ、後押しされなければ、製品の開発にはいたらないようです。それにしても、どうしてそうなのか。

洋品店をやっていたころなど、長袖が売れないで残っていれば、袖をちょん切って半袖にしてでも売りさばいていたものです。そんなかつての強引なアイデアマンの私だったら、こうすればヒットするというアイデアが先に立たないわけはないのです。やはりこれは、これを作ったら売れるだろうという商売先行の、金もうけのための開発に走らないための、天の足かせなのかもしれません。それとも、わが女房殿による脳波の同調現象か。

人前では、頭の豆電球が少し足りないと卑下しています。その反面、自分のなかの自尊心がこう言い返すのです。

――常に自分は十分に考え抜いている。機は熟し、本当はもう製作するだけになっている。着想が必ず実を結ぶことも知っている。磁石をバケツに入れたのも、けっして「何げなく」なんかではなく、自分で意図してやったことだ。

ではなぜそのような遠回りをするのか。それは、現実から感激を受けて、あるいは開発すべき必然性を認めることによって、自分の士気を高め、楽しみながら製作にいそしむためだ。

仮に遠回りが何かの試練だとしても、成功が約束されている試練など、モグラたたきのように楽しいものだ――。

また、こういうふうにも思います。自分が後で見つけて楽しむために、わざと一万円札を本の間に挟んで忘れ去るのだ、と。

だから、みなさんも、困難なときにぶつかったら、腐らないで、ハッピーエンドに向かうドラマを演じているんだとでも思ってください。必ず一万円札が出てきます。

しおれた鉢植えの鮮やかな回復と磁石が結びついたときの感激や、「ああ、おいしい水」といって喉を鳴らす実記の清々しい笑顔を味わうためなら、私はいくらでも遠回りをしてもいいと思います。

考え抜けば必ず答えがやってくる

実は、磁石を利用する前に、最初はマルチ・プラーナで飲料用の水も作っていたのです。さすがにその程度の発想はありました。しかし、やはりエネルギー的にはもう一つだとの自覚があって、飲料用の本格的な「オルゴン製水器」の製作が待たれていたのです。

いまでこそ、オルゴンエネルギー発生器とセットの水タンクはピカピカのステンレスですが、そのときはまだポリタンクでした。

だから特別な製造費などかかっていません。ところが、やはり素人とは怖いもので、タンクの内側にミズゴケが出てしまったのです。数百個は売れていたので、クレームもずいぶんあったというのに、幸いなことに返品を求められたことは皆無でした。

ある人に相談すると、このポリタンクだと光が入るからしょうがないということです。どうしたものかと尋ねると、

「ステンレスにすれば付きませんよ」

と、いとも簡単に言ってくれます。

それで、ステンレス製品製造の中心地の、燕《つばめ》市の商工会に電話をかけて相談したところ、現在のタンクに行き着いたのです。タンクといっても、蛇口付きの既製品のタンクがあったわけではなく、注文して作らせたものでもありません。既製品の中華鍋に、既製品の蛇口を取り付けただけのものです。

ちょっと気が利いていたら、最初からステンレスタンクにしているだろうに、どうしても現実の反応によってフィードバックしていくという癖が、ここでもいかんなく発揮されました。もっとも、そのころはまだ、ステンレスタンクにしようと思っても、資金不足で仕入れられはしませんでした。水は方円の器に従い、水容器はどうやら懐具合に従うようです。

さて、磁石をどうするか。まず、私はなぜか磁石にこだわって、コイルの芯にする前に、磁石だけであれこれと試してみました。磁石の配列だけでパワーが出ると思ったのです。フリーエネルギー発生器においても、磁石の配列が大きなポイントになっていました。

しかし、磁石の配列を色々工夫しても、ごくわずかな変化しか得られません。当時は水に関して、ある人が開発した高エネルギー水以上のものができなければ、商品としてのいわゆる「波動水」を作る意味はないといわれていました。その域にはとてもほど遠いのです。

所詮、素人がやっても無理かとあきらめかかったとき、ふと、磁石の間にビーズ（オルゴンエネルギーを定着化させたもの）を挟んではどうかと思ったのです。

そうやってビーズを加えてみると、水は面白いように変化し、エネルギーを高く取り込んだ波動水に転じたのでした。高エネルギー水、「オルゴン波動水」の誕生です。たまたまビーズの幅が、その磁石には最適の空隙だったようです。さらに、やはり磁石を芯にして、西海式メビウスコイルを加えるとより大きなパワーが出ることになりました。

癒しは家庭から――「オルゴン波動水」で息子のアトピー性皮膚炎を治す

愛は家庭から始まるという言葉があるように、癒しもまた家庭から始まります。

実記との結婚は私の三度目の結婚でしたが、子どもはいませんでした。

私が初めて家庭というものを手に入れたと思ったのは、子どもができてからです。女房だけではまだ我が家ではない。子どもができて初めて、帰るべき我が家ができたのです。

一九九五年七月、息子の勇志《ゆうじ》が生まれました。

どこから見ても私の遺伝子を受け継いでいます。自分と瓜二つ。世間ではありふれたその驚きと、血を分けた子どもへのいとおしさというものを、五十代にして、私は痛いほど味わわされました。目に入れても痛くないというのはウソで、目に入れなくても痛いほどなのです。

勇志は生後二カ月ごろから、赤い発疹が出るようになりました。医者にみせると、アトピー性皮膚炎だとのこと。生まれながらのもので、二十歳ぐらいまでは薬で抑えるしかないと言われたのです。

薬は何かというとステロイド剤。ステロイド剤というのは対症療法の極みで、何の根本的な治療にもなりません。そのうえ深刻な副作用があり、長期で使用した結果、失明したという話もあります。

宇宙エネルギーに多大な関心のある実記のことですから、物質中心の西洋科学の弊害はよく認識しています。その西洋科学の申し子ともいうべき、現代医学が投与する薬剤には副作用がつきもので、ときには取り返しのつかない被害が出るということも十分に知っています。

患部しかみない西洋医学に反して、東洋医学は人間全体のバランスをみます。そのバランスを司るエネルギーが気です。患部（症状）とは、バランスの失調がそこに集約的に現れたものとみるので、治療とは、患部を取り除いたり、症状を正常に戻すことではなく、全身のバランスを回復させることにあるとみなします。

現代医学には限界があります。治療といいながら、毒をもって毒を制するという薬剤で、ときには命をも奪いかねない副作用をもたらします。

極端にいえば、角を矯《た》めて牛を殺すの愚を犯しても平然としているのが現代医学です。ガンには何の効果もないのに、生命力だけを奪ってしまう、ある種の抗ガン剤がそのいい例でしょう。

だからこそ実記は、そのような病気に対して、バランスの失調を回復させるように体内の気を調整する、宇宙エネルギー製品の開発に情熱があったのでした。もし、ステロイド剤などを使用したら、何のためにデパートを辞めて、毎日ポケット・プラーナ作りに精を出しているかわからないのです。

それではどうするか。足もとをみれば、実はオルゴン水で、アトピー性皮膚炎がよくなったという報告もかなりあったのです。

そのような報告に身近に接していても、例のごとく私は、そんなこともあるかいな、程度の意識しか持っていませんでした。いざ我が子のケースとなって初めて、私も実記と同じ実感を持ったのでした。

「オルゴン水でアトピーが治ったっていう報告がたくさんあるっていうのに、その開発者がステロイドなんて塗っていたらシャレにならんよなあ。『オルゴン水を開発してステロイドを塗る』だとか、『オルゴン開発者のステロイド塗り』なんていう諺《ことわざ》ができそうだ」

いうまでもなく、それは実記の考えでもありました。病院から家に帰るや、すぐに実記はオルゴン水を飲ませようとするのです。

「生後半年は生水はダメだって言わなかった?」

そのような常識があったので、私はすぐにはオルゴン水に飛びつけなかったのです。

「水だもの、大丈夫でしょう。私はこの子の生命力を信じてるから」

きっぱりと実記は言い切ります。

何の逡巡もないそのさまに、私は何か圧倒されるものを感じました。どんな処方より確実な、本能的な直感が働いているのだと思わせる強靭さがありました。それは父親にはない、母と子の紐帯のような気がして、嫉妬さえ覚えたものです。

母親の積極的な確信の前では、ステロイドが毒になっても、水が毒になることはあるまい、という私の消極的な納得の仕方は、なんだか父親というものの貧しい紐帯そのもののような気がしました。

実記は朝昼晩、大匙《さじ》に三杯ずつ、せっせとオルゴン水を飲ませました。すると日ごとに発疹は消えていき、三週間ほど後に病院に行くと、もうすっかり完治しているといわれたのです。

オルゴン水が効いたのか、勇志の自然治癒力が働いたのか、あるいは母親の気持ちが熱い気のエネルギーとなって伝わったのか。おそらく、それらがみな働いたのでしょう。

ひょっとして、と私は思いました。五島で実記に飲ませたいと思った水は、本当はこの子に飲ませるためのものではなかったのか……。

その着想は、なかなか捨てがたいものがありました。そこで私は、あるビジョンを心に描くのです。

五島で、私たちは筧に流れる水を飲んでいます。その清い水が一本の糸となり、私と実記の周囲をくるくると何周かして、一気に上空へと立ち上がると、キラキラと輝きながら真夏の青空へ吸い込まれていきます。それは、天へと昇る細く長い龍にも見えます。

それが時空を隔てて、青空の下から降りてくると、水の糸は勇志の口の上にぶら下がり、そこから滴が口の中へと滴り落ちるのです。せめて心のなかで、貧しい紐帯を強靭な糸にさせてもバチは当たらないでしょう。

宇宙エネルギーのヒーリング効果は、自然治癒力との掛け算

それにしても、二十歳になるまでステロイド剤を手放せないという医者の診断は正しかったのでしょうか。百人の医者が百人とも同じ診断を下すものなのでしょうか。

私は、現代医学のすべてを否定するわけではありません。血管を縫う外科技術の発達や感染症における病原体の発見など、微視的分野への目覚ましい発達は、平均寿命を大いに延ばしてきました。その恩恵は計りしれません。

しかし、現代医学はけっして万能ではないのです。医者にかかる側も、病気は医者が治すものだといって、すっかり身をまかせてはいけません。病気は医者が治すものではない。自分で治すものです。

といっても、自分で注射を打てということではありません。生まれながらにして身体に

備わっている免疫力や自然（自己）治癒力を、しっかり自分で管理しろということです。自然治癒力がなければ、薬など効かないと知るべきです。気が難病を治すというのも、自然治癒力の活性化を助けるからにほかなりません。

宇宙エネルギーのヒーリング効果といっても、これも自然治癒力への掛け算なので、自然治癒力がゼロでは、いくらエネルギーが強力でも、結果はゼロ。ヒーリング効果は期待できません。

自然治癒力は、心のあり方に大いに関係します。心がストレスに負けてダメージを受ければ、自然治癒力も弱くなります。陽気で楽観的、積極的で主体的であればあるほど、自然治癒力は強力になります。実際、気持ちが大らかで健康への意欲が強いほど、回復が早いものです。だから、そのような意欲に宇宙エネルギーが掛け合わされれば、末期ガンも消えてしまうような、奇跡的な治癒も可能となります。私がガス中毒の後遺症から回復できたのも、回復への意欲と宇宙エネルギーがうまく掛け合わされて、自然治癒力を活性化した結果なのです。

ここで問題にしたいのは、依存心です。病気を治すのは、医者でも薬でもなく、持ち前の自然治癒力だということをくれぐれも忘れないように。医者や薬は、あくまでそれをサポートするにすぎません。その意味では、オルゴンエネルギーも同じです。

医者依存症の人というものは、たとえ医者通いをやめても、健康食品や健康グッズ、宇宙エネルギーなどの代替物に依存しがちです。それでは何も変わりない。心が自然治癒力の活性を促すのですから、まず心を活性化しなければ、たとえどんなに強力な宇宙エネルギーでも、その効果は微弱になります。自分で歯を磨くように、自分の体のメンテナンスは、まず自分が請け負わなければいけません。

医者も、すべての病気を治せないのは医学の敗北だ、などというのは傲慢です。医学は何よりもまず診断技術を磨くこと。治療のプロでなくてもいい。診断のプロになるべきです。

息子の皮膚の異常も、私が見るだけでは何かの発疹と思うだけで、アトピー性皮膚炎だとはわかりませんでした。そのような的確な診断が得られて初めて、オルゴンエネルギーの効果的な使い方も考えられるのです。

「実記の腰痛を治したい」からオルゴン・マットが

育児をするなかで、実記は腰痛に悩まされました。風呂に入れるときはもちろん、授乳するだけでも、そのつど、呻き声を越えてほとんど泣いているような状態でした。朝起きるときも、腰に響かない姿勢をまさぐって、そろそろと唸りながら立ち上がるくらいでしたから、相当ひどかったものと思われます。

腰痛というのは、医者にかかってもなかなか治るものではありません。何か別の方法はないかと探していたら、ある人から、腰に巻く磁気バンドを使うと一時的にでも痛みが消えるという話を聞きました。

そのときはまだ、体に密着させる磁気に対する認識も甘かったので、どんなものかとカタログを取り寄せたところ、三〇万円近い高価。無料体験ができるということなので、実物を送ってもらったら、これがズシリと重いのです。

こりゃあ治る前にかえって悪化するということで、残念ながら返却処分。じゃあ、おれが作ってやると、またまた創作意欲が刺激されました。

といっても、腰に巻くバンドを作ろうというのではありません。寝ている間にエネルギーを注げるように、マットを作ろうと思ったのです。

頭に閃いた設計図は、アルミと銅の二種類の金属板を四層程度に重ねるという、ごく単純なもの。それを体裁よく和紙でくるんで完成です。

それをシーツの下に敷いた翌日。実記が起床するとき、横目で眺めていると、何のウォーミングアップもなく、すっと起き上がったのです。

「あれっ？　すーっと立ち上がれた」

私と目を合わせた実記は、腰の軽さに自分でびっくりしたようです。

金属の薄板なので、そのままでは煎餅布団ならまだしも、ベッドの上に敷くと体の下でぐにゃぐにゃになります。そこで小さなビーズにアルミと銅を巻き、それをアウトドア用のアルミシートに包んだらどうかと考えたのです。そうすると、変形してもうまく復元できる柔軟性が保てるようになりました。これを原型として、もっと軽便化されたのが現在のオルゴン・マットです。

これを世に出してからすぐ、こういう例がありました。何かにつかまらなければ立ち上がれなかった八十歳のおばあちゃんです。このおばあちゃんが、オルゴン・マットを敷いた椅子に座って間もなくすると、そのますっと立ち上がり、トイレに行って戻ってきてから、「あら、いまわたし何かにつかまった？」と尋ねるのです。何もつかまらなかったことは、いうまでもありません。

また、熊本ではこんな奇跡的な例がありました。ガン患者で寝たきりの娘さんで、身内の方の話によると、彼女がまったくの寝たきりになったのは、放射線の照射量を間違えたからだというのです。もはや治療法は何もなく、慰みでもいいからと娘さんのベッドに敷いたところ、ほんの二〇分で半身だけ動かせるようになったとのことです。

ほかにも似たような話では、植物人間状態の青年のベッドの下に敷いていたら、低めの体温が少しずつ温かくなってきたという例もあります。

実記の腰痛で、取り寄せた磁気バンドがズシリと重くて、かえって悪化すると思ったというのは言い訳で、本当はお金がなかったから。もしそのとき経済的に豊かだったら、案外磁気バンドを買っていたかもしれません。当時の三〇万円というのは、けっこう厳しい金額だったのです。

いずれにしろ、このオルゴン・マットの場合も、新商品を企画したのではなく、実記の腰を治そうと思ったところから商品が生まれたということです。

聞き間違いから誕生したオルゴン・ボックス

N（西海）式オルゴン・ボックスが開発されたのは、宇宙エネルギーに関心のある、ある会社の社長から、「オルゴン・ボックスというものがあればいいんだが」という話が出たときに、何げなく私が「それじゃあ、私が作りましょうか」とこたえたところから始まります。

オルゴン・ボックス

恥ずかしながら、このとき私はまだ、オルゴン・ボックスなる存在を知らなかったのです。その名前すら聞いたことがありませんでした。

どういうものかもわからないのに、どうして引き受けたのかというと、そこには無知なるがゆえの滑稽な思い違いがあったからです。

私はオルゴン・ボックスを、オレゴン・ボックスと聞き間違えたのです。アメリカはオレゴン州。オレゴンからなんとか、というテレビ番組もありました。アメリカ西海岸のからっとした気候のなかで作られる、宇宙エネルギー発生装置の一種をボックスと呼んでいるんだろうと都合よく解釈したのでした。

もともとポケット・プラーナを開発したときに、巨大なポケット・プラーナを作って、それをある一定の大きさの密閉した箱の中にうまく配置すれば、かなりのエネルギーが出るだろうということは頭にあったので、西海式の宇宙エネルギー発生ボックスを作れば、オレゴンが福岡になるだけのことだと思ったのです。

箱にエネルギーを貯められるのであれば、箱の中にものを入れておけば、水やビーズなどにエネルギーを共振させて定着させることもできるでしょう。これは便利だなと思いました。

実記からオルゴン・ボックスだと訂正されて、そこで初めて、それがどういうものかを知ることになります。

実は、このオルゴン・ボックスという存在を知ったのは、時期的にいうと、ポケット・プラーナの製作を初めて間もないころでした。もう少し早く知っていれば、ポケット・プラーナはポケット・オルゴンとでも名前をつけていたところです。

オルゴン・ボックスは、いうまでもなくW・ライヒ（一八九七〜一九五七年）によって発明されました。正確には「オルゴン・エネルギー・アキュムレーター」といいます。つまり、オルゴンエネルギー蓄積器。

オルゴンエネルギーを気とみなすと、これは気の収集箱といってもいいでしょう。大きさは電話ボックスぐらいで、ここに人を入れて、神経症患者やガン患者の治療も試みていたようです。

構造は複雑なものではなく、単純に金属と非金属とを六層に重ねた壁面で作られた箱です。電源も可動部分もありません。

ただし、箱の外側は必ず非金属で、内側は必ず金属が剥き出しにされていなければならないとされます。茶箱（内側に錫《すず》が貼られている）のようなものだといえば、大体のイメージがつかめるでしょう。

このライヒ式オルゴン・ボックスに対し、西海式オルゴン・ボックスは、当初、厚さ〇・一ミリのステンレスと和紙とを交互に五層に重ねたところから出発しました。もちろんこれは、「金属と非金属を多層にする」というライヒの理論をヒントにして出発したものです。

試作段階では、和紙の前にシーツを使いました。ライヒが非金属の好ましい材料としてあげていたのは、ウールや綿、プラスチックやガラスなどだったので、一番手っ取り早い木綿のシーツにしたのです。しかし、シーツは平面に貼りにくいので、和紙に変えました。なぜ和紙かというと、木綿は植物繊維、紙も植物繊維だということで、同じものだという考えです。

できれば、ライヒのオルゴン・ボックスそのものを分解して研究し、コピーするところから始めたいものでしたが、実物どころか、まさに「金属と非金属を多層にした箱で、そこにオルゴン・エネルギーが蓄積される。オルゴン・エネルギーとは、気エネルギーと同じとみてよい」ということを知っただけで、ライヒ自身の手になる構造図さえ目にすることもなかったのです。

ライヒのオルゴン・ボックスを超える西海式オルゴン・ボックス

だからライヒ大先生からは、アイデアの無断使用を叱られるどころか、オルゴン・ボックスとは別物だということで、お叱りを受けるかもしれません。

しかし、まあ、似て非というよりは、似て近いものだとは思います。

また、近いものだと思う反面、この目でライヒのオルゴン・ボックスを見たこともなく、そのエネルギーを確かめたわけでもないので、はっきりとしたことはいえないものの、違いも大きいかもしれません。さて、どっちでしょう。

大きな違いの一つは、他の研究家たちの追試実験によると、ライヒのオルゴン・ボックスは、ある条件下では生体に有害な影響を与えるということです。

たとえば、長時間中へ入っていてはかえって有害であり、また、高血圧、心不全、喘息などの病気の人は不可、高圧線の近くでは不可、中に電子機器を設置しても不可、とかなりの制限があります。特に放射線は非常に悪い影響をおよぼすので、放射性物質からは遠ざけねばならないとされています。

これに対してN式オルゴン・ボックスは、何の制限もなく、有益であるのみです。

いずれにしろ、宇宙エネルギーをつかまえた大先達ということで、ライヒ先生には大いに敬服し、オルゴンの名を勝手に踏襲させていただいているという次第です。

その天才科学者も、残念ながら自分の運をよくすることはできなかったようです。かなしいかな、ライヒは非業の死をとげています。

ライヒのオルゴン・ボックスを用いたガン治療は、州法に違反するとして米国食品医薬品局（ＦＤＡ）から告訴されて敗訴。その後、ライヒはオルゴン・ボックスの使用禁止命令に従わなかったので収監され、そのあげく、発狂のすえ獄死してしまいます。いつか、ライヒのお墓参りに行かねばならないでしょう。

現在の西海式オルゴン・ボックスは、少なくとも構造だけを見てとれば、もはや「似て非」といっていいでしょう。

具体的にいうと、西海式は次ページの図を見てもおわかりのように、外側が非金属なだけで、金属と非金属の多層ではなく、異金属の三層になっています。さらに、Ｎ式メビウスコイルによる高磁場発生素子が組み込まれているので、ずいぶん異質なものになっています。

当初の、ステンレスと和紙をベースにした基本モデルから様々な試行錯誤が繰り返され、どんどん変化をとげて現在の構造に至ったのです。

エネルギーの強弱は、ボックス内に水を置いて、その変化で計っていました。好ましい変化がみられるには、そのときはまだ四〇日ほどかかっていたので、これを短期化させるために、右回りの風を与えたらどうかということで、ボックス内に扇風機を置いて試して

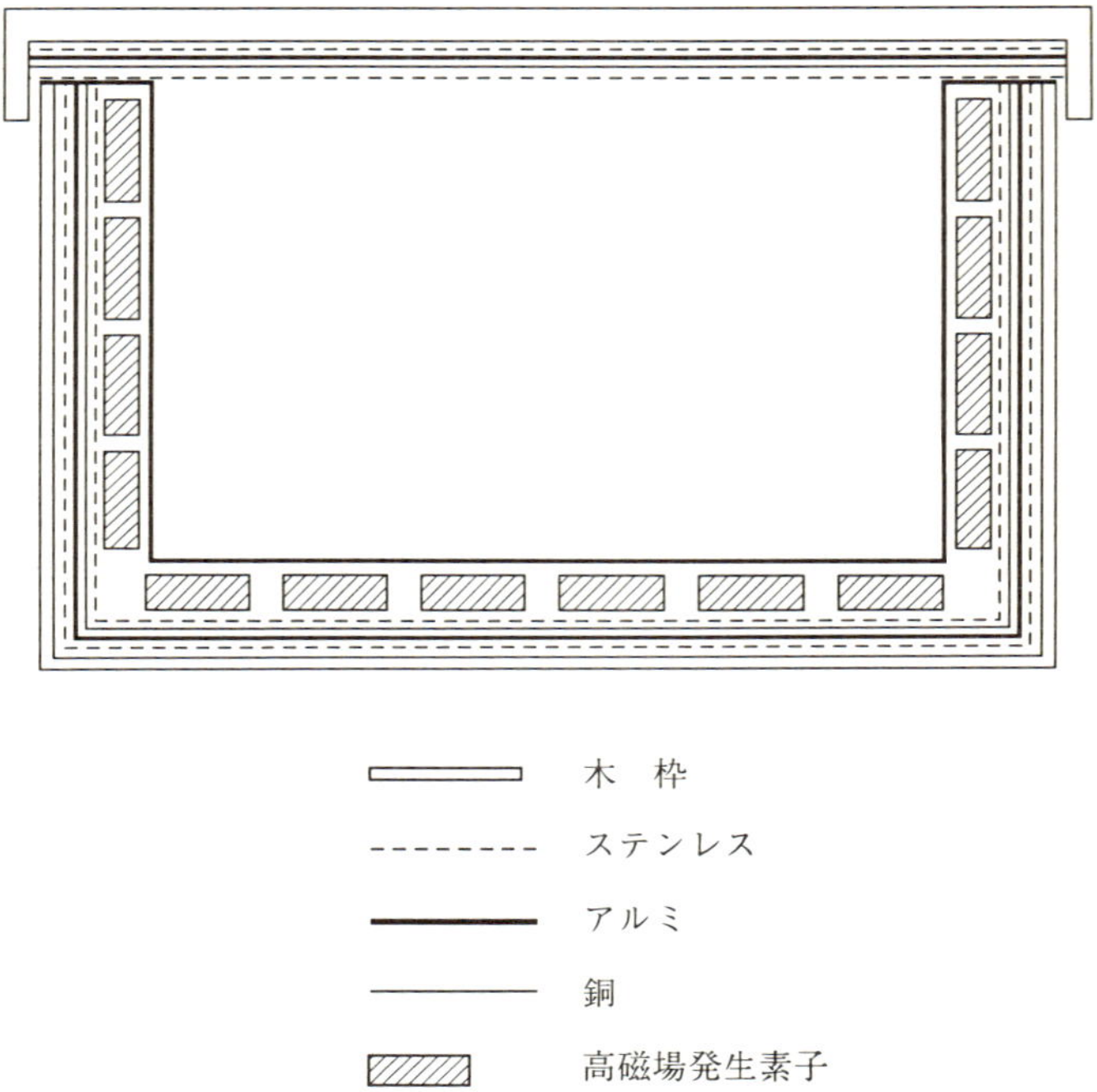

N式オルゴン・ボックス断面図

みると、これはまったく何の変化もないどころか、逆効果。

一方、ポケット・プラーナは、ブラジャーの中に入れて使用すると効果が大きいという報告を、熊本のあるデザイナーから得ていました。前述したように、胃痛のとき、ポケット・プラーナを振って当てれば効果が増すという私の体験もあったので、これもまた、振動が与えられるからなのだろうと考えて、それならオルゴン・ボックス内で振動を与えてやると、効果がアップするのではないかと着想したのです。

振動ということで思い浮かんだのが、音楽でした。音楽はまさにバイブレーションです。農作物や乳牛の生産を高めるには、モーツァルトやバロック音楽を聞かせるといいという話もあったので、音楽を思いついたのです。

これも実際に試したところ、私の選曲によるとアート・ブレーキーが一番効果がありました。モーツァルトや川のせせらぎといった、「癒し系」の音楽よりは、ズシズシと低音が響くほうが効果が得られるようです。やはり、これも振動のせいだったのでしょうか。

そのころから異種金属間の電位差に着目し、特に銅とアルミの効果的なエネルギーの出し方もわかってきたので、ボックス本体は、ステンレスと和紙の多層から、現在のステンレス・銅・アルミの三層構造に発展していったのです。このパターンが、安価な材料で最大のエネルギーを発生できる組み合わせなのでした。

そのときの私には、ライヒのオルゴン・ボックスの命ともいうべき、「金属と非金属の多層」という製作条件を無視することになるということすら、頭にありませんでした。つまり、ライヒのオルゴン・ボックスなどとっくにどこかへ飛んでいて、自分の感性を頼りに、西海式の宇宙エネルギー蓄積器を開発していたということです。

もっとも、ライヒの実物には秘密の構造があったかもしれず、それを忠実にコピーさえすれば、西海式など問題外の、はるかに強力なエネルギーが発生するものなのかもしれないということを、ライヒの名誉のために付記しておかねばならないでしょう。

当初にイメージした、ボックスに内蔵する巨大なポケット・プラーナにしても、ポケット・プラーナ自体が進化しました。ステンレスリングは磁石に変わり、さらに水晶が加えられて増強されます。最終的に、それが高磁場発生素子としてボックスに固定されて、現在のN式オルゴン・ボックスの完成となったのです。

子宮筋腫が消えた！　意識に感応し、自然治癒力をカバーする

様々な実験の過程で、オルゴン・ボックスのヒーリング効果について調べようということになりました。

まず、体の不調を訴える人を集めてボックスの上に立ってもらったら、すぐに体調がよくなったのです。

それを見たある女性が、「私の下着を入れてみていただけませんか」と提案します。たしかにボックス内に入れると、水にもビーズにもオルゴン波動が定着されるのですから、そのような発想があっても笑えるものではないでしょう。

その方から手渡されたのは、ボディースーツでした。生体とは違って、無生命の物質にエネルギーが定着されるのには時間がかかります。それを一カ月ほどボックス内に保管してお返ししたところ、いつもより背中がシャンとした感じがして快適だといいます。ボディースーツだからシャンとするのは当たり前といわれればそれまでですが、シャンとするのはこの方のボディースーツだけではありませんでした。

なるほどこれは水や鉱物だけではなく、繊維にもエネルギーが定着化されるのかということで、反物を入れてデザイナーの方に衣服を作ってもらって、それを多くの人たちに着てもらったところ、やはりシャキッとするとか、冷え性なのに体がポカポカと暖かいとか、身が軽くなったなど、なかなか快適だという評判が多数返ってきたのです。

それではということで、今度は五、六〇足のパンストをオルゴン・ボックスに入れて、人づてになるべく不健康な人を選んで提供してみました。

腰痛が消えたという程度では、もはや驚くにあたいしません。そのなかに、ある病院の患者さんで、数人の子宮筋腫の方がいました。その患者さんが、なんとパンストを着用してまもなく、みな筋腫が消えてしまったのです。

患者さんから私のことが漏れたらしく、この病院の先生から、いったい何をしたのかと問い合わせがありました。

一瞬、告訴されたライヒのことが頭をかすめます。それでも、実はこういうわけだと、事実だけをありのままに打ち明けると、およそ次のような答えが返ってきました。

「そんなもので治るはずがない。パンストと筋腫が消えたというのは因果関係が明らかではないので、これで子宮筋腫が治ったなどと思わないほうがいい。もし治ったなどと広言したら、医師法違反になる。くれぐれも過大な広告はなさらないように」

ＦＤＡと同じです。

私も法律は犯したくないので、けっしてこれで治ったなどとはいいません。それに、腫瘍を消すのは、あくまでも免疫力を中心とした本人の自然治癒力なのですから。その意味では、医者も治したなどとはいえないのです。

詭弁ととられても結構。あまりに医学は、我こそは病気を治す神様だという幻想を与えすぎてきました。医者が病気を治すのではありません。病気を治すのは患者本人です。

オルゴンエネルギーで仮に治った事実が認められたとしても、必ずこういう批判が加えられます。

「反物を加工したものが冷え性に効いたのも、子宮筋腫が治ったのも、本当かもしれませんね。でも、それはオルゴンなんとかのせいではない。心理的な暗示効果のせいなんでしょう。薬だといってただの水を与えても、それが薬だと思えば、人には効果を発揮する場合がよくありますからね。だから、客観的な因果関係を明らかにするためには、どんな実験でも、そのような心理効果を排除するように、厳密にコントロールされなければならないんです。それを通してはじめて、どれだけの効果があるかをいうことができるんです」

暗示効果、これ結構。どうして不都合なことがありますか。

患者は、科学的な因果関係を証明するためのモルモットではありません。病気が治ればそれでいいのです。ガンが治るなら、イワシの頭でもいいのです。私も、科学者になろうとしているのではありません。

オルゴンエネルギーは、自然治癒力に何らかの後押しをしたのではなかろうかと、私は謙虚に思うところです。

むしろ、暗示以上の意識の力を積極的に利用するのがオルゴンエネルギーです。オルゴン波動は、意識に最も強く感応します。

太陽光線の下では、だれかれとなくまんべんなく日焼けします。これに対して、オルゴン波動は、利用しようという意識があるところに集中されるのです。レンズで光を集めるようなものです。病気なら、病気を克服しようという意志や意欲が強い人ほど、治りも早いということです。ここが大きなポイントです。

人が入れる大きさのライヒのオルゴン・ボックスに対して、私のは茶箱よりいくらか大きい程度。しかし、この中にものを入れると、すべてオルゴン波動が定着化されるのですから、中に入るものならどんなものでも入れて構いません。応用は無限に広がります。

磁石によって鉄が磁化されるように、オルゴン・ボックス内の物質にはオルゴン波動が定着します。オルゴンエネルギーは、気と同じエネルギーなので、それがものに定着すれば、その物質もまたヒーリング・パワーを持つことになるのです。

オルゴン・ボックスからの発展

オルゴン・ボックスは非常に大きなヒーリング効果をもたらすことがわかりました。パンストに定着させた、いわば二次エネルギーでさえ、あれだけの効果があるのですから、ボックス内に発生しているエネルギーを直接ヒーリングに用いられないだろうかと考えるのは、当然の成り行きだったでしょう。

私はそれを、レーザー光線に誘導して取り出すことに成功しました。オルゴン波動は、レーザー光線に乗って導かれるのです。

これは、たとえていうと、これまで湧き水を溜めることしかできなかった箱に、ホースと蛇口をつけ、さらにポンプをつけて、水を遠くまで飛ばすことができるようになったというようなものです。

ホースとポンプに相当するレーザー光線は、人体に無害な、赤外線に近い波長（六三五nm）で、一般にレーザー・ポインターとして使用されているものです。レーザー・ポインターとは、講演などで、講師がホワイトボードを指したりする赤い光といえばわかるでしょう。
レーザー光線は、長い距離を飛ばしても、ビーム径が広がらない性質を持っています。だから、気功師が手から出す「気」がもやっとしているのとはちがって、レーザー光線の場合は患部を狙い打ちして、エネルギーを一点に集中させることが可能になったのです。ビームが目に見えるというところが、意識の集中にも貢献するものと考えられます。さらに、ツボを刺激する場合も、エネルギーを一点に集中できることで、大きな効果をもたらします。

そうやってヒーリング・マシーンとして開発されたのが、「ドクター・オルゴン21型」です。これには、一連のオルゴンエネルギー製品の愛用者の皆さんからも「とうとうここまで来たか」との感嘆の声が聞かれました。

ドクター・オルゴン21型は、ことに整体、鍼灸、カイロプラクティックなどの施術師の方々に注目され、施術の現場で大いに活用されています。それどころか、いまや西洋医学の病院でも使用されはじめているのです。それだけ効果が著しいということです。

開発者の私が言うのもなんですが、私は施術師の皆さんにとって、これほどヒーリング・マシーンが必要とされているものだとは知りませんでした。別に市場調査をしたわけでも

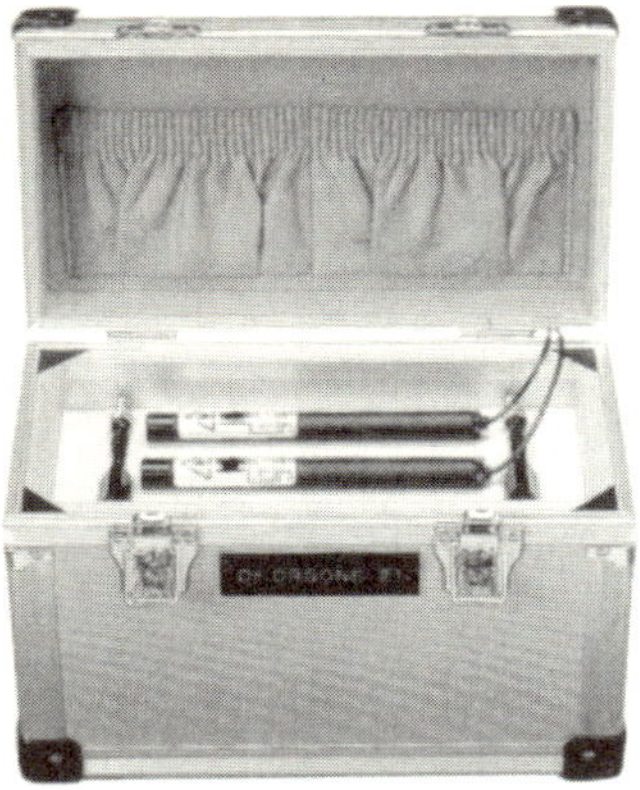

ドクター・オルゴン21型
仕様　高さ26㎝　幅38㎝　奥行22㎝　重量9kg
　　　レーザー・ポインター2本付
　　　N式オルゴン・ボックス接続可

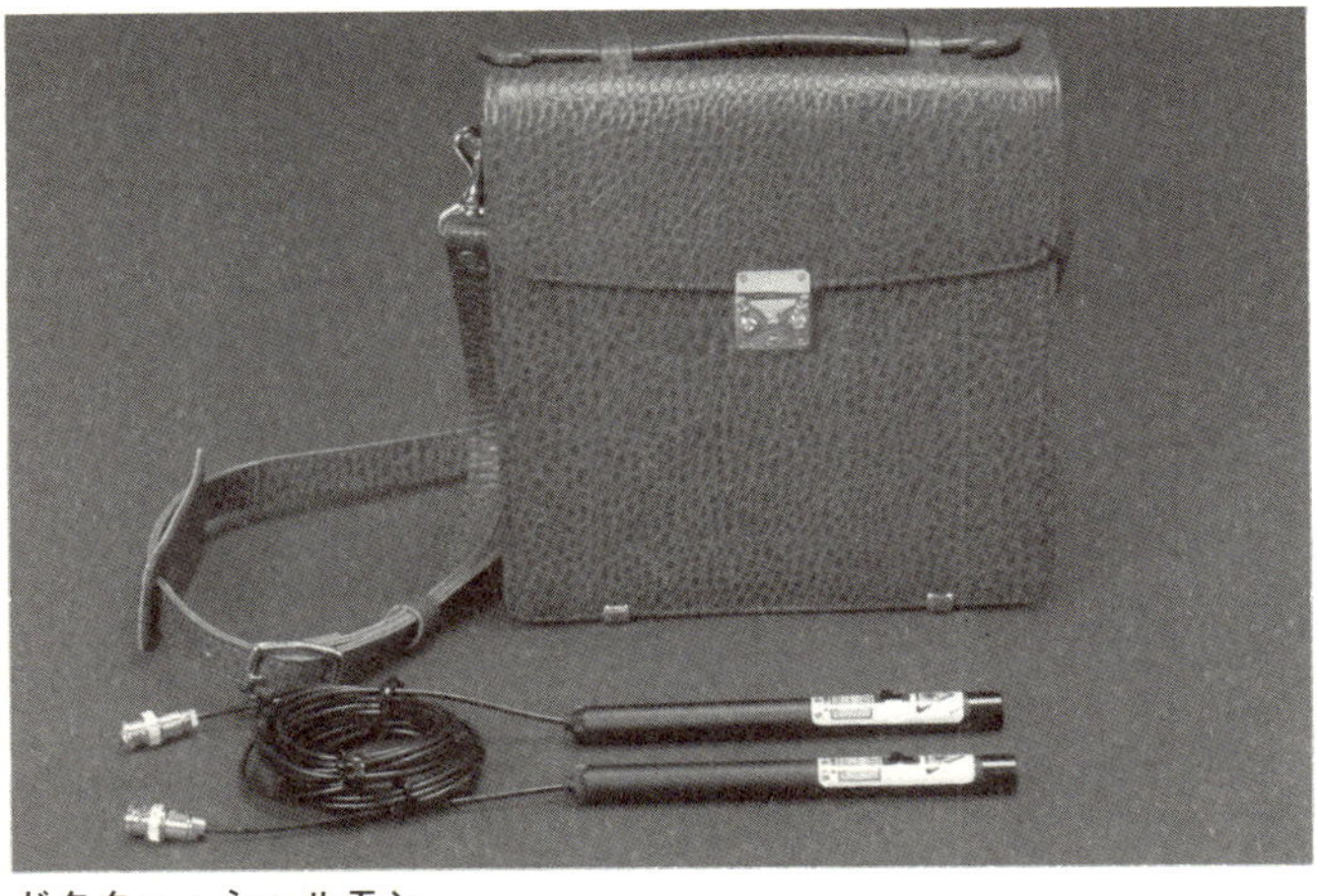

ドクター・シャルモン
仕様　高さ25.0㎝　幅22.5㎝　奥行8.5㎝　重量2.0kg
　　　レーザー・ポインター2本付

ないですし、けっして施術師をターゲットにして開発したのでもありません。こんなに喜んで受け入れてくれる人たちがいたのかと、私自身が驚かされたぐらいです。

また、多くの施術師の方々と接する機会が増え、彼らの話に耳を傾けるにつれて、西洋医学の病院では治らない病人が、そんなにもたくさんいるのかとあらためて驚かされました。世の中には、完全な健康人などまずいないと思い知らされたものです。みな、なんらかの不調を抱えながら、なんとか生活しているのです。

東洋医学系の施術師は、施術に気を放出するので、気の使い方が未熟であれば大変消耗するそうです。下手をすると相手の悪い気（バイブレーション）も受けかねません。だから、できれば自分の生体エネルギーを使わないで、それに代わるエネルギーを用いて施術できれば、それに越したことはないのです。

施術師の皆さんは、それぞれの分野で応用し、大きな効果を上げられています。特に効果の即効性と扱いの簡便さは驚異的だと評価されています。たとえば気功師が気を入れる「外気功」では、ある程度の時間をかけなければ効果が現れないのに対して、オルゴン・レーザーの場合、わずか数分の照射で、同等の、またはそれ以上の効果が出るのです。

人体の生理学的知識や施術術の技術がなくても、つまり素人が扱っても、ドクター・オルゴン21型は大きな効果を発揮します。それに加えて、施術師の専門知識や技術があれば、大きな相乗効果を生むということです。

面白いことに、一般の人が使用するときは、たとえば子どもがヒーリングを受ける場合、父親より母親が使用したほうが効果が出る傾向があります。

これは、ひとつには、女性のほうが信じやすいということがあるのでしょう。こんなもので効き目があるのかと懐疑的に思うのは、男性のほうが多いようです。信じるということは、それだけ意識の力が強く、感応力が強いということになります。

また、「痛いの痛いの飛んでいけ」といって優しくさする姿に象徴される、本能的な母性の癒しの気が、オルゴンエネルギーに共振して導かれるのかもしれません。

このドクター・オルゴン21型をさらに携帯しやすく開発したのが、ドクター・シャルモンです。

驚異の遠隔ヒーリング

気功の大変興味深い技に、遠隔ヒーリングがあります。

遠隔ヒーリングとはどういうものかというと、気功師とその気の受け手（被施術者）に距離があるにもかかわらず、施される治療のことです。二人の間に介在して病気を癒す力となるのが気です。

気功師は、被施術者から距離を置いても、気によって相手の身体を操作することができます。これは一〇メートル離れていても、二〇メートル離れていても、それこそ中国と日本という遠距離であっても可能です。

気はどれだけの速度で飛ぶのか、あるいは三次元的な速度を超越しているのかどうかは私にはわかりませんが、瞬時に相手に届くようです。火星にでも移住できるようになれば、地球と火星で実験してみると面白いでしょう。はたしてそれでも届くのか、電波より早いのか遅いのか、興味深いものです。

電波は波長によっては、電離層で反射して地球の裏側まで届きます。でも、さすがに月の裏側までは無理です。もし気が月の裏側まで届いたとしたら、直進しかできない電波よりは到達力があるということになります。

ドクター・オルゴン21型やドクター・シャルモンは、レーザー光線を備えることによって、特別に習練を積んだ気功の達人でなくとも、この気の大きな特性である遠隔ヒーリングを行うことをも可能にしたのです。

というと、おそらく、こんなふうに思う人も出てくるでしょう。

「なるほど、レーザー光線は、ビームの直径が広がらないで遠くまで届くから、その届く範囲で遠隔ヒーリングが可能だってことか」

いいえ、そうではないのです。レーザー光線だからといって、なにもわざわざライフルの照準器のようにして、遠くから狙いをつけて治療しなければならない理由などありません。たとえば隣のビルの窓越しから、あえて離れて治療しなければならない必要はないでしょう。もし狙撃手のように、相手に気づかれずにこっそり治療する人間がいれば、ヒットマンでなく、ヒーリングマンということになりますか。殺し屋ではなく、癒し屋。

レーザー光線は、遠隔といっても、気功師と同じ遠隔ヒーリングを可能にさせたということです。すなわち、レーザー光線が直進しうる距離ばかりでなく、使いようによっては地球の裏側までもヒーリング・パワーを到達させることができるということ。

遠隔ヒーリングのポイントは、まさにレーザー光線の使い方に秘密があります。それでは、遠隔ヒーリングにおけるレーザー光線の使い方とは具体的にどうするのか?

それに答える前に、どうして遠隔ヒーリングが可能なのか、メカニズムの解明とまではいかないまでも、少し考えを巡らしてみましょう。

東京から北京の水を変化させる

気功師は、日本と中国の間でも、気を飛ばして人を癒します。これについては、気の受け手は人間なので、暗示効果もあるのではないかという批判もあるかと思います。

しかし、次のような実験もあるのです。これは、気について、科学的な分析を試みている佐々木茂美氏（電気通信大学名誉教授）の著書、『「見えないもの」を科学する』に紹介されているものです。

実験というのは、気の受け手の対象を人ではなく、水にしたらどうなるか、つまり水に気を送ってその性質を変化させられないかというものです。その性質を科学的に分析してもし変化がみられたなら、その影響が客観的に確かめられるというわけです。

一般に、気功師が手かざしで気を入れた水（気功水）は、病人が飲むと病気が治るといわれ、このような気功水は、佐々木氏によって電気伝導率が上昇していることが確かめられています。反対に悪い気（邪気）が入ったと思われる水の場合は、伝導率が低下して、これを飲むと体調が悪くなるといいます。

さて実験ですが、北京で水を用意し、東京から気功師が気を送ったところ、結果は、その場で手かざしで気を入れた水と同じように、電気伝導率の上昇がみられたのでした。

もう少しこの実験内容を詳しく話しましょう。

北京の中国人体科学研究院の実験室に、一〇〇ccの水を入れた蓋つきガラス瓶を一〇個用意し、東京から気功師が気を送ります。気功師には、気を送るべき水がどんな容器にどれほど入っていて、どんな管理をされているかは、一切知らされていません。ただし、これではあまりにも漠然としているので、気を送るときの目印として、気功師が事前に書いた「B」という字をいくつか北京に送り、蓋つきガラス瓶にそれを貼りつけたうえで気を送るというものでした。電気伝導率が変化したという判定は、もちろん対象用の水と比較したうえでのことです。

佐々木氏はこう言います。

「私たちは何千キロも離れた人のことを考えることがあります。そういうときの思いには、物理的な距離や時間の制約はありません。このような思いのエネルギーに、ある種の願望や命令を乗せれば、瞬間的に届いて物質を変化させることができるのだと

思います」(傍点筆者。『「見えないもの」を科学する』より)

「思いのエネルギーに願望や命令を乗せれば」というのは妙な表現ですが、この「思い」とは、気のことだと考えればわかるでしょう。まず、「思い」によって気のルートが作られます。さらに「思い」をぎゅっと絞って思念の照準を合わせることが、ここでいう「願望や命令を乗せる」ということになります。たとえば、Aさんに貸した金を返してほしいのなら、まずAさんを思い浮かべて(当たり前ですが)、返済されるように念じるわけです。

つまり、遠隔ヒーリングもこのメカニズムにのっとります。相手を思い浮かべて、その治癒を念じるのです。方法はこれだけ。いたって簡単。

気はどこにでも飛んでいくエネルギーであり、しかも人の意志を運んで相手に伝える媒体です。病気よ治れと思えば、その意志は瞬時に伝わります。ただし、実際に効果を持つかどうかは、思念の力の大きさや集中度によるのです。

その思念はまた、潜在意識まで動員された波動でなければなりません。頭の上辺では何とか治癒を念じられても、潜在意識で、念じるだけで効果があるもんかと疑念を持っていては何にもなりません。これでは、頭の上辺でアクセルを踏みながら、潜在意識でブレーキをかけているようなもの。潜在意識の制御。これがいささかコツのいるところです。

しかし、それさえできれば、遠隔ヒーリングなど奇跡でも何でもない。訓練次第で誰にでもできます。

遠隔ヒーリングのメカニズム

これでもまだ納得がいかないという人には、私はいつもこう言います。

「丑《うし》の刻参りは知っていますね。遠隔ヒーリングというのは、丑の刻参りの反対だと思えばいいんですよ」

遠隔ヒーリングに懐疑的な人でも、それじゃあ丑の刻参りで呪ってもいいかといわれて、平気な人はいないでしょう。遠隔ヒーリングを笑う人は、丑の刻参りも笑わねばなりません。

丑の刻参りというのは、丑三つ時に行う、古来よりの呪法です。白装束に身を包み、頭にはロウソク、ワラ人形を呪詛《じゅそ》の相手に見立てて、樹木に五寸釘で打ちつけることによって、憎い相手に危害を加えるという、なんともおぞましい呪法です。子どものころ、実際に私は森で木に打ちつけられていたワラ人形を見たことがあります。そのときの戦慄は、いまでもまざまざと甦ってくるほどです。

これは、密教の四種法でいうと調伏になります。呪詛というのもまた、気がかかわっています。気は念波の媒体となり、かつまた物質に変化を及ぼすエネルギーでもあります。

この呪法のポイントは、やはりワラ人形に釘を打つという行為でしょう。ワラ人形を本人だと思って釘を打ちつけるところに、心に抱く念が気として物質化する勢いが増すのです。それは、現実の空間を飛んでいく波動となります。

しかし、本来、呪詛に道具などいりません。ワラ人形も護摩壇もいらないのです。念を十分に凝らしさえすれば、気は飛んでいきます。ワラ人形は、それがあったほうがイメージ力を喚起しやすいという小道具にすぎません。

そういう意味では、仏像なども本来は祈りの対象とするものではなく、イメージを集中させるための小道具なのです。本来、自分の外に像を置くのではなく、心のなかに仏を持たなければなりません。

念をレーザービームのように集中して発散できる人なら、心に抱く憎悪だけでも、相手を傷つけることができます。しかし、たいていの人間は憎悪を打ち消す良心もありますし、一日中憎悪の火を燃やし続けることもできません。人間の意識というものは、よほど訓練を積んでいないと、せいぜい一、二分しか集中して同じことを考えてはいられないのです。試してみればわかるでしょう。何か一つのことをずっと考えていようとしても、別のことを考えている自分にすぐに気づくはずです。

ひな型は本物そのもの

また、本物のひな型（モデル・象徴）は、本物そのものだという考えが、人間の古い脳には眠っています。洋の東西を問わず、古代の呪法の多くはそのような心性に根差しています。神道でいう形代《かたしろ》も、ひな型の一種です。

私たちが仏像や神像を拝むとき、石や木で作られた模型が神仏そのものだと思って拝んでいるわけではありません(なかには神仏そのものだという信仰もありますが)。それらの像を通して、本体の神仏に祈りが届くと信じるからこそ拝むのです。

ひな型というのは、本体をなぞらえた模型でなくとも、本体の一部でもOKです。だからこそ、呪法においては、本人の髪の毛や爪などがあればより効果的だとされます。写真もそうですし、本人が身につけていたものも、本人の波動を吸収、残存させているということで、十分にひな型になります。もし昔にカメラがあれば、ワラ人形の代わりに、相手の写真に釘が打たれていたことでしょう。

さらにひな型は、なにも形のあるものだけではありません。名前もひな型の一つに数えられます。名前とは、本体に通ずるバイブレーションなのです。メインコンピュータを呼び出す端末器のパスワードのようなものです。

だから、いまでも未開の土地には、本当の名前が敵の手に知られたら呪い殺されるということで、他人には通称名しか公表しないという部族があります。

レーザーで遠くからヒーリングするのがばかばかしいのと同じく、呪詛を本人の面前で執行するという話は聞いたことがありません。そんな回りくどいことをするなら、刺殺したほうが手っ取り早いでしょう。相手に近づけなかったり、犯人として逮捕されないようにということで、あえて遠くから秘密裏に呪詛という方法をとるわけです。

考えてみれば、呪詛とは遠隔操作が大前提です。遠隔で相手に物理的なダメージを与えることができるのなら、遠隔で人を癒すこともできるのではないか。遠隔ヒーリングとは、丑の刻参りの逆をやればいいのです。

もちろん道具がなくても、念はバイブレーションとなって現実の事物に干渉することができます。しかし、イメージ力を高めるためには、ひな型があったほうが便利です。

実は、私が遠隔ヒーリングを始めようとしたときにはすでに、相手をよりイメージしやすいようにと、人形を用いていたのでした。

人形を手に取らせていたのは、子どものころの呪いのワラ人形の記憶も一役買っていました。実際、私が遠隔治療に気づいたのは、ウソのような話ですが、呪いの逆をやればいいのではないかと着想したことに始まっていたのです。

いまでは針灸師用の、全身のツボを記した人形を用いています。私にはこれが一番効果があります。さて、それをどう使うか？

その答えは、レーザー光線をどう使うのかという最初の質問への回答にもなります。この人形を患者だと思って、オルゴンエネルギーのレーザー照射をするのです。患部だけではなく、経絡理論に基づいたツボに当てて健康の回復を念じます。

そのとき、いかに正確に患部やツボにレーザーをヒットさせるかということは二の次であり、効果を左右するのは、あくまでも治ってほしいという意識《いのり》です。それが最大のポイントです。

もし、ただひな型にレーザーを当てるだけで治療効果があるのだとすると、ひな型は写

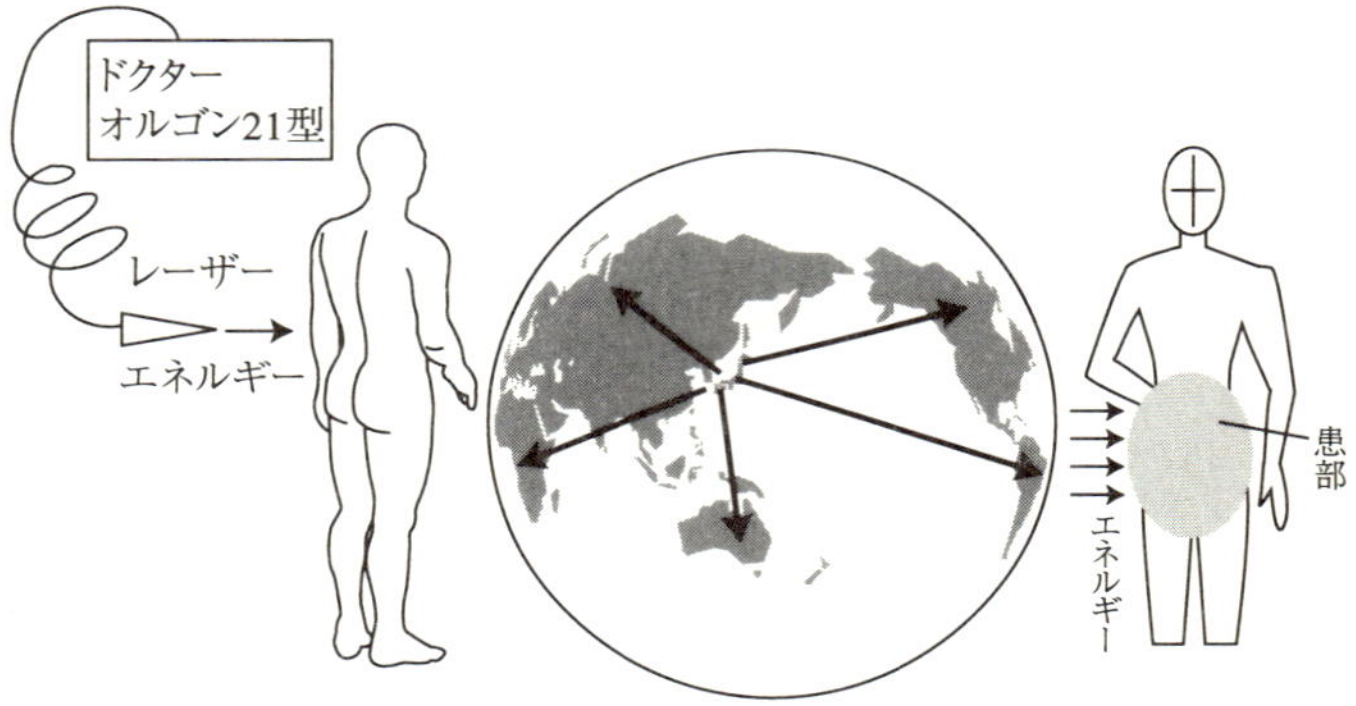

オルゴンエネルギーは瞬時に世界を駆けめぐる
（ドクターオルゴン21型による遠隔ヒーリング）

真も同じなのですから、有名人など、新聞や雑誌に掲載された写真を破かれるたびに死ななければいけない理屈になります。これでは、いくら命があっても足りません。

波動を物質化させるには、意識というブラックボックスが必要なのです。また、私の場合、意識の力だけで、ひな型を本物だとみなしてツボに鍼を打つだけではまだ効果は出ません。集中力も念の力もまだまだパワー不足。オルゴンエネルギーとの共振があってこそ、私の気はより強く物質化して空間を飛んでいくようです。

気功師でなくても、一般人が遠隔ヒーリングを行えるようになったというのは、あくまでオルゴンエネルギーを前提としての話です。何の道具も用いないで、気功師と同じ遠隔治療能力を得るには、やはり相当の気功の習練が必要でしょう。

しかし、遠隔ヒーリングは祈念の力さえ強ければ、オルゴンエネルギーも気功の熟練も必要ではなく、ただ意識だけで可能だと私は思っています。それと同じく、遠隔ヒーリングは、オルゴンエネルギーさえあれば、わずかな念の力しかなくても、医学知識や気功の熟練なしで可能だと考えるのです。

第五章

オルゴン・ウェーブはまだまだ進化する健康願望器「ニュー・プレマプラーナ」から「波動食器」まで

遠隔ヒーリングをさらに簡便にさせる「健康願望器」の着想

オルゴンエネルギー愛用者の皆さんから、オルゴンエネルギーによるヒーリング・マシンとしては、コンパクトでありながら遠隔治療さえやってのけるドクター・シャルモンをもってして最高点に達した、という声が多数届けられました。

実際、ドクター・シャルモンは飛ぶように売れていました。ところが、それにもかかわらず、遠隔ヒーリングをさらに簡便化できないかという考えがもうすでに私の頭のなかに兆していたのです。

なんとかアイデアを捻出しようとねじり鉢巻きというのではなく、いつものように風呂でリラックスしていると、チラ、チラッとイメージが閃きます。それが確かな形になるまで、私はただイメージに身をまかせているだけでした。そうやって「健康願望器」の開発が始まったのです。

オルゴンボックスの中は、オルゴン波動が満たされています。レーザー光線は、オルゴンエネルギーを誘導させるための道具でした。遠隔治療の構造を考えると、本来、そのような道具なしでも、気功の達人のように意識だけでエネルギーを飛ばすことも可能なのです。

誘導装置が意識にあることはわかっていても、潜在意識まで含めた意識を集中させることが難しいのでした。だからこそ、オルゴンエネルギーの方向を決めるための機能として、レーザーが誘導装置として用いられたのです。

お札は文字のパワーを利用したもの

そのうち私は、世の中には昔から「お札《ふだ》」や「お守り」があることに気づきました。神社やお寺の、病気平癒や安産祈願、交通安全や受験合格というあれです。

私の身近には、それを身につけることによって明らかに恩恵を受けたという話は聞いたことはなかったものの、世間では、交通事故などで、九死に一生を得たのはお守りが身代わりになってくれたとか、それを身につけていたことによって、難しい手術が成功して生還できたというような話はたまに聞きます。

たとえ、お札やお守りが、たんに紙や木だけでできていたとしても、それが奇跡的なパワーを発揮することがあることを私は否定はしません。だとすると、もし病気平癒を本当にもたらすなら、それが一番簡便なヒーリング装置だということになるではありませんか。

私は、なにもコイルや磁石を複雑に組み立てて、誰にも作れないようなヒーリング・マシンを作りたいのではないし、「オルゴン・ボックス教」の教祖になりたいわけでもありません。弘法大師の「護摩の灰」でも、サイババが手品で取り出す「ビブーティ」という何かの灰でも、それが本当にヒーリング効果があるのなら、私はそれと同じものを「作り」、人びとに提供することでしょう。シンプルに越したことはないのです。また、本物はシンプルであるべきです。

お札に本当にそのようなヒーリング効果があるのなら、そのメカニズムを考えるのもけっして損ではありません。メカニズムとしては、ざっと次のようなことが考えられるでしょうか。

①お札には、神仏の力が宿っているので、それを持つ者に加護がもたらされる。
②お札は、オルゴンボックスと同じように、それ自体が気エネルギーを発生させている。
③お札は、気エネルギーを誘導している。

④お札はただの紙切れにすぎず、それ自体にはなんのパワーもないが、イワシの頭も信心からということで、すべて持つ側の信ずる力によっている。

お札を出している神社やお寺では①を言うでしょうし、物理学で説明できない現象を認めない科学者は、当然④を持ち出すでしょう。

④はともかく、大まかにいって、お札のパワーは二つに分けて考えられます。お札自体がエネルギーを発生しているのか、何らかのかたちで気エネルギーを誘導しているのかということです。ドクター・オルゴンでいうと、エネルギー発生器に当たるのか、レーザー光線に当たるのかということです。さすがに木や紙のお札が発生器だとは思えません。

それでは、それ自体がエネルギーの発生源ではなく、誘導しているという場合、そのエネルギーはどこに由来するものなのでしょう。それは、神仏からもたらされるものなのかもしれませんし、空間に満ちるエネルギー（宇宙エネルギー）から来ているものなのかもしれません。また、お札を作った神官や僧侶の祈念のエネルギーなのかもしれません。

お札というものには、まずは祈願内容が「言葉（文字）」で記されています。また、お札によっては、特別な図象が描かれています。呪符というのは、この図象がつきものです。

つまり、お札には言葉と図象が欠かせず、これらがエネルギー誘導のメカニズムになっているのだろうと考えられます。誘導といっても、現象としては発生しているのと変わりはありません。

形の力

ここで少し、形の力というものを考えてみましょう。

ものはみな形があり、形はそれぞれにパワーを持っています。ここでいうパワーとは、黒鉛は簡単につぶれるけれどダイヤは頑丈だというような、外からの力に耐えうる力学的な強度ではなく、もの自体から波動として放射されるパワーのことです。

この波動的なパワーはどこからくるのかというと、宇宙エネルギーを汲み取ることによって得られるものです。その固有振動が宇宙エネルギーと共振すればするほど、宇宙エネルギーがどんどん流れ込んで、周囲に放出されます。言葉を換えれば、宇宙エネルギーはもの（物質）によって変換（トランス）されて、再び空間に放出されているのです。それが気です。だから、もの（物質）には、もの自体の固有の波動があるほかに、その周囲には、宇宙エネルギーが変換された波動（気）が放たれています。

この形のパワーが理解しがたいなら、ピラミッドを例にあげれば納得がいくでしょう。形のパワーの代表は、なんといってもピラミッドパワーです。ピラミッドの内部には不思議な力が働くことは皆さんもよくご承知のことと思います。たとえば、ものが腐りにくい、切れなくなったカミソリの刃がまた新品同様に切れ味がよくなるなどで、これはピラミッドの現物だけでなく、紙で作ったピラミッドの模型でも同じ効果が出るところから、四角錐というあの形状に秘密があることは間違いないようです。

ほかに、形のパワーとして忘れてならないのは水晶でしょう。ピラミッドが人工物の代表なら、水晶は自然物の代表です。水晶は幸運を招き、ヒーリングパワーがあるということで、アメリカ経由で十数年ほど前からブームにもなっています。

もっとも、人間が水晶の力に注目したのはいまに始まったことではなく、昔から神秘的な力があるとみなされていました。古代ローマのディオコリデスという人が著した『薬物誌』には、水晶に薬としての効能があることが記されているそうです。

伝説だけでなく、水晶パワーは気エネルギーと似ていることから、科学的な分析を試みたのが先ほどの佐々木茂美氏だったのです。それを紹介しましょう。

水晶には、結晶構造が右巻きのものと左巻きのものがあります。この二種類の水晶を水に浸し、その水の電気伝導率をみると、右巻きでは低下し、左巻きでは高くなることが確かめられました。水晶を水に浸したときの水の電気伝導率の変化は、気功水と同じ変化だということで、水晶は気を集積しているらしいと佐々木氏は推測しています。

さて、ここでまたピラミッドパワーが登場します。ピラミッドパワーの効果もまた気のパワーと似ていること、およびピラミッドの内部に水を置くと電気伝導率が高くなるという事実などから、ピラミッドもまた気エネルギーを集めているのだろうと佐々木氏は言うのです。

それではなぜ水晶やピラミッドに気が集まるのかというと、ピラミッドの斜辺の角度（五一度四一分）と、水晶の結晶の斜辺の角度（五一度四二分）とはほぼ同じだということから、この角度に秘密があるのではないかと、佐々木氏は大変面白い推理をしています。すなわち、ピラミッドは水晶の結晶構造の大型版であり、気の増幅装置だというのです。

形は、三次元の立体だけではありません。二次元の平面でも、宇宙エネルギーと感応する形象というものはあります。立体の代表がピラミッドの四角錐なら、平面の代表は六角形です。だからこそ、かつて「六角堂」をやろうと実記と夢を見ていたのでした。

自然には六角形がよく見られます。まさに水晶の結晶も六角形ですし、雪の結晶、蜂の巣、一部のウイルスの殻などが六角形なのも、自然が宇宙エネルギーとうまく共振する形を選んだからでしょう。

言葉は本体に通じる

正六角形の対角線で、上向きの正三角形と下向きの正三角形を描くと、六角形に内接した星形ができます。これが六芒星です。六芒星はユダヤのシンボルであり、これは「ダビデの星」として有名です。この六芒星は、宇宙生成の原理のシンボルとして、世界各地で見られます。伊勢神宮のシンボルとしてもおなじみです。

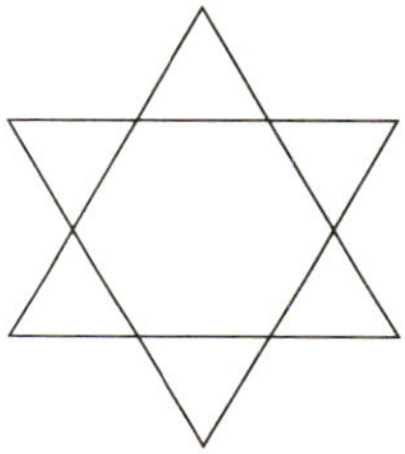
六芒星

道教のお札には、奇妙な図が描かれていますが、お寺や神社の一般的なお札の場合、図はなく、祈願内容が言葉（文字）で記されているだけです。ということは、祈願をかなえる力は、言葉が単独で担っているということになるでしょう。祈願をかなえるために、一番重要となるのは、私も言葉だと考えます。気持ちや考えを文字にして記すと、そこには意識の波動が定着されます。

言霊《ことだま》という言葉があるように、言葉には言葉通りの事象をもたらす力があります。コトバから出たマコトとでもいいましょうか、言（こと）は真事（まこと）に通じます。

たとえば、雨乞いをすれば雨が降り、五穀豊穣を唱えれば豊作がもたらされる。さらに、ダイヤの指輪が欲しいと唱えればダイヤの指輪が手に入り、ベンツが欲しいと唱えればベンツが手に入る。

それが事実なら、そのメカニズムはどう考えればいいのでしょう。雨が欲しいという意識の波動は、大気の水分を集中させて雲を呼び、豊作もまた意識の波動が気象に働いて、作物の生育に好条件をもたらすからだと考えるしかありません。

それでは、ダイヤの指輪やベンツが欲しいというような場合はどうなるのか。自然の気と人の気は相互に感応しあうので、雨が降ったり、豊作が得られるといったことはまだわかります。けれども、指輪のようなモノに気は感応するのか。たとえ感応したとしても、どうやって手に入るのか。雨のように空から降ってくるのか。

まあ、指輪やベンツが空から降ってくることはありません。これは、やはり人間の意識を想定しなければ考えられないことです。周囲の人間に働きかけて、サンタクロースにさせるのです。つまり、身近な人間にそれをプレゼントしたい気にさせたり、不要になったものを譲らせたい気にさせたり、あるいはフリーマーケットでただ同然で手に入るということです。願望の念がもっと強くなると、懸賞に当たったりする(!)こともあります。

女優の室井滋さんは、貧乏時代に、家電製品はそうやって全部揃えたといいます。欲しいと思っていると、必ずどこからか贈られるのだとか。皆さんも、一度はそういう体験をしたことがあるでしょう。

聖書をみると、イエスは病人を癒しまくっています。その方法はというと、「立ちなさい」とか「手を伸ばしなさい」などといって、よく言葉をかけては癒すのです。まあ、イエスは聖書神話のエピソードにすぎず、事実ではないといわれたらおしまいですが。

それにしても、聖書はイエスに水の上を歩かせたり、一つのパンを五千倍にも増やしたりするほどの奇跡を演じさせているというのに、どうしてわざわざ言葉を用いなければならないのでしょうか。イエスを超絶的な存在として描くなら、あえて言葉を口にしなくても、手で触れたり、一瞥しただけで癒してもいいはずです。これは、言葉の威力を示すために描かれたエピソードではないかと私には思えるのです。

言葉（文字）は意識波を呼ぶ

前に述べたように、音楽を聞かせて植物や家畜の生育をよくするという方法があります。クラシックの器楽曲なら、これは音波の波動が効いたとしかいいようがありません。さらに、発芽した植物に、一方には「かわいいね」「愛してる」といったほめ言葉を与え、他方には「バカ」「死ね」などという否定語を与えて育てると、ほめ言葉を与えたほうが生育がよいという実験があります。

いまではこれを言葉の波動といいますが、かつてはこれも言霊といっていたものでしょう。言葉の波動といっても、音波ではありません。「意識波」です。

言葉は電話番号と同じ記号にすぎません。発音された音自体に意味はないのです。たとえば、私たちはリンゴをたまたま「リンゴ」と呼んでいるだけで、「ゴンリ」と呼んでも、「リゴン」と呼んでもかまわないのです。もちろん、アップルでもかまわない。リンゴというと、果実のリンゴがイメージ化されるのは、リンゴを「リンゴ」と呼ぶ習慣が意識に染み付いているからです。

「バカ」という言葉がどこかの外国語では「愛している」という意味だったら、その国で「バカ」といわれて育った植物は、スクスクと育つはずです。だからこれも人の意識を想定しなければなりません。

日本において、「バカ」という言葉には、怒りや嘲笑の否定的な感情が結ばれています。たとえ実験者が感情を交えないで言葉を与えていたにしろ、笑いながら怒るのが難しいように、「バカ」というときは否定的な感情がどうしても付帯することが考えられます。意識にしろ無意識にしろ、それが意識の波動として空間を飛んでいくことになります。それが言霊でもあるのでしょう。だから成功の哲学などでは、常に肯定的な言葉を使えというのです。

私は健康だ、頭脳明晰だ、必ず成功する——。なかなかそうは思えなくても、何度もそう唱えていれば、そのような結果が得られる。それが言霊の考え方です。

言葉が水を変える

言葉の発声にはどうしても感情を拭い切れないのだとしたら、これを文字にしたらどうか。実際、この文字によって、言葉が与える影響を実験した人がいます。ただ、実験の対象は動物や植物ではなく、水でした。

これは、波動ではおなじみの江本勝氏が着想した実験です。水の結晶は、いわゆる「雪印」の六角形になります。しかし、水質やその水が置かれた条件によって、同じ六角形でも様々なバリエーションが生まれます。いろいろな刺激によって、この結晶がどんな形になるかを見るわけです。

江本氏は、まず最初に音楽を聞かせるとどんな形になるかを試しました。クラシックでは美しい結晶となり、騒音のようなヘヴィメタでは結晶は結ばれない結果となりました。美しい結晶を植物の健全な生育に見立てると、ヘヴィメタを聞かせた場合は生育が悪いということになるでしょう。その後、文字を見せたらどうなるかとの着想になります。

文字を見せるといっても、水に目があるわけではありません。「ありがとう」「愛」「きれい」といった肯定語や、「ばかやろう」「悪魔」「きたない」といった否定語を記した紙片を、精製水を入れた容器に貼り、一晩放置します。すると、どうなるか。

やはり肯定語では美しい結晶が生じ、否定語では結晶を結びません。これは、どの言葉を貼ったかは、貼った人間にも撮影した人間にもわからないようにしているので、それらの意識が直接入らないようにしています。ということは、言葉自体になんらかの波動が出ている、すなわち、悪いエネルギーが発生しているということになるのでしょうか。いや、直接言葉から波動が出て、水に影響を及ぼしたのではないでしょう。やはり言葉は記号でしかないからです。

私はこう考えます。「ばかやろう」という言葉と、人の「怒りの感情」が無数に繰り返されることによって「ばかやろう」という文字にも、その「怒りの感情」の波動と共振するチャンネルができてしまったのです。「ばかやろう」という記号は、空間に満ちている人間の悪感情に感応して、その波動を呼び寄せたと考えるしかありません。あくまで、そこには人間の意識の波動がなければならないのです。すなわち、これはお札の誘導現象と同じですが、これもまた現象的にはエネルギーの発生と変わりはないでしょう。

服薬とは体に薬をおびること

もう一つ、面白い話を紹介します。これは、言葉は本体に通じるということの一つの証明にもなるでしょう。

突然ですが、薬を飲むことを表す言葉を、どうして「服用」とか「内服」というのか、不思議に思ったことはありませんか。この「服」をどう理解したらいいのでしょう。「ちょっと一服という言葉があるぐらいだから、服には茶やタバコを飲むとか薬を飲むという意味があるんだろう」という答えが返ってきそうです。もちろん、それはそうです。それでは、どうして服にそのような意味があるのか、ということです。

実は、薬には「飲む」方法のほかに、「身に佩《お》びる」という方法があったのです。つまり、身に佩びることを服するといっていたのでした。「佩びる」とは、「帯びる」と同じで、携帯するという意味です。服薬とは、本来、薬を携帯することなのでした。携帯するだけで薬が効くというのです。

古代中国の地理書『山海経《せんがいきょう》』には、薬物を「これを服する」と「これを食す」とに分けると、「服する」のほうが「食す」より倍の記述があるそうです。

これらの事実をもとに、愛知県で皮膚科の医院を経営している渡辺貞夫氏は、患者が自分に適した薬剤を持つと、腹証（腹部を押さえたときの圧痛など）が変化するのではないかと着想し、いろいろとテストを重ねてみました（これを適薬テストと名づけます）。その結果、薬剤を手に握らせたり体に置いただけで、なんと腹証が変化することがわかったのです。それだけではありません。薬剤を体に触れず、少し離して置いただけでも腹証が変化することを確かめたのです。

これはいまから十年ほど前に出た『気は挑戦する』(別冊宝島一〇三号)という本に、「投薬・服薬・握薬　薬をめぐる気の不思議」というタイトルで掲載されていた渡辺氏の原稿のなかで報告されていたものです。興味深い話はさらに続きます。

渡辺氏は、適薬テストを、本物ではなくその写真でできないかと考えました。そのきっかけになったのが、『実用　木の葉のテレパシー』(三上晃　たま出版)という本でした。三上氏は、独自の研究によって、次のような考えを持つにいたったのです。

・写真は物質の本質をとらえている。つまり、写真と実物はつながっている。
・人間個々の体質と、特定の植物(薬草)の周波数が一致する。
・体内に入った薬草は、山野に現に生えている野生の薬草とつながっている。原野の薬草が発生する「植物波」は、鉛や鉄も貫通する。

渡辺氏も、適薬テストにおいて、エキス剤を用いるかわりにその写真を使って試したところ、エキス剤を直接用いたときと同じ結果が出たのです。

渡辺氏は、三上氏のいう「植物波」を気だろうとみなし、そこから薬物の気は、体内に吸収されて効果が出るのではなく、身体の気との相互作用が薬効として現れるのではないかと考えています。そうでなければ、薬剤を身体の近くに置いただけで、腹証の変化が得られるはずはないのです。

渡辺氏は、ガラス瓶に密封した薬剤でも同じ結果が出ていることから、皮膚から吸収されるような微量物質は存在せず、外に漏れるものとしては気以外は考えられないとしています。まして、ガラス瓶に密封した薬剤どころか、写真で同じ結果が出るのならなおさらでしょう。

文字のパワー

「薬物にかぎらず、それを撮った写真も『気』を発することを述べたついでに、文字の『気』についてもちょっと触れておきたい」。こういって、渡辺氏は文字のパワーについても記しています。

鼻炎の人に、アレルギーに効果がある薬剤の「小青竜湯」と書いた紙片を身につけさせると、それだけで治ったり、胃の悪い人に適薬テストで決めた薬剤名を紙片に書いて渡したところ、それを身につけただけでも治ったそうです。そこから渡辺氏は、印刷した文字でも反応するので、字体そのものに気を発するメカニズムがあるのかもしれないと、その可能性を示唆しています。

文字も図形なので、それ自体、たしかに図形としての波動を放ってはいます。しかし、ヒーリング効果があるのは、文字が直接ヒーリングパワーとしての気を放っているからではなく、あくまでこれも人間の意識が介在しているからだと私は考えます。

たしかに、植物を撮った写真は、同じ波動を持つという意味でのひな型として、その実物につながっています。しかし、何度もいうように言葉は記号にすぎないのですから、直接実物につながる波動があるわけではありません。それがどうして薬効を持つのかというと、名前と実物の関連を知っている人の意識が、名前を実物に結びつけて、名前から「植物波」が出るようにさせるからです。

人間の意識が介在しているというのは、使用者がその薬剤名の効果を知っているかどうかという問題ではありません。実際、渡辺氏の例では、紙に薬剤名が書かれていることも知らずに紙片を持たされた人にも効果が出ているのです。

たとえば「甘草」という文字なら、それがマメ科の植物「ナンキンカンゾウ」（解毒・鎮痙・胃酸分泌の抑制・抗炎症に効果がある）の名前であることと、実物の正体を知っている人たちが一定数存在していればいいのです。

甘草という文字がヒーリング・パワーを発揮するのは――すなわち甘草という文字が実物のカンゾウと結ばれてその植物波を放出するようになるのは――人間の「意識波」が媒介となって実物と名前を接続するからです。

（人間の意識）

↓

ナンキンカンゾウ＝甘草

（実物）（文字）

↓甘草という文字はナンキンカンゾウの実物と通じる

「リンゴ」という記号が、リンゴというバラ科のあの果実と結びついている意識が何人かにでも存在していれば、リンゴという記号はリンゴの実物に通じます。

さてそうすると、「トリカブト」とか毒キノコの名前を書いた紙を持たせたらどうなるのかという考えも浮かぶかと思います。殺したい相手がいたら、その人がよく着る服にでもその名前を縫いこめば、そのうち死ぬのかと。

水を入れた容器にそれらの名前を貼ると、ひょっとして水は結晶を結ばないかもしれません。しかし、私は実験したことがないのでわかりませんが、人間の場合は、その程度の気では死なない生体防御機構があるのだと思います。ただし、呪いという明確な意志を持たれた場合は、その気は生体防御の装甲を貫くこともあるのでしょう。なお当所では、この文字のパワーを利用したオルゴン製品として、新しいお札ともいうべき「招福カード」が製作発表されています。

「ニュー・プレマプラーナ」は言霊効果を増幅させる装置である

以上、言葉（文字）の波動についてお話しししてきました。

この言葉のパワーを用いた新たな遠隔ヒーリング装置が、「ニュー・プレマプラーナ」なのです。「ニュー・プレマプラーナ」は、言葉のパワーを、さらにオルゴンエネルギーによって増幅して効果をもたらそうというものです。言葉（文字）から、その言霊効果を最

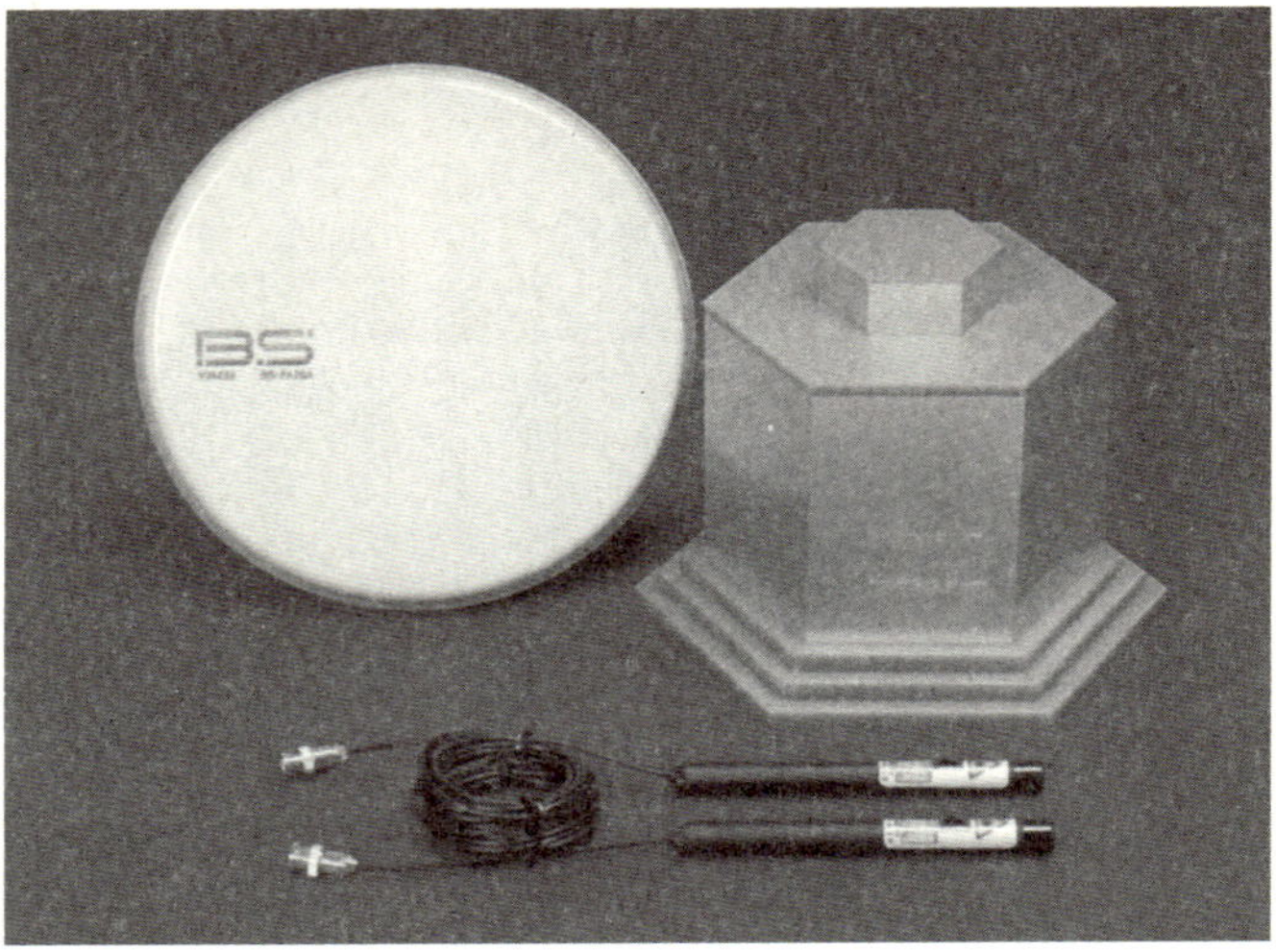

ニュー・プレマプラーナ

大限に引き出す。それが「ニュー・プレマプラーナ」なのです。

上の写真を見てください。本体の六角柱状のものは蓋で、取り外しができるようになっています。この蓋を「願望ボックス」と呼びましょう。その下の基台に当たる部分に、オルゴンエネルギー発生器が内蔵されています。

使い方としては、蓋を外して、その中に治したい病気の回復を願う言葉を紙片に書き記して封入します。「病気平癒」という抽象的な言葉よりは、「肝臓がよくなった」「アトピー性皮膚炎が治った」と、病気ごとに具体的に記せばより効果があります。筆記用具は鉛筆がいいでしょう。紙片には黒鉛粉が付着されます。この黒鉛の伝導性が効果を高めることになります。

もちろん、祈願対象の名前を記すのを忘れてはなりません。対象が本人でも、自分の名前を記します。写真を添えればなおいいですし、ふだん身につけていたり使用していたものは、本人の波動が染み込んでいるので、これも一緒に添えるといいでしょう。

また、「~になりますように」というような、七夕の短冊に記す願い事のような書き方よりは、たとえば「肝臓病平癒」と書いたうえで、「肝臓の調子がとてもいい」とか、アトピー性皮膚炎なら、「皮膚がすっかりスベスベになって気持ちがいい」と、願いが実現した状態の言葉を記すと効果があります。これは言霊効果の増幅です。

「祈って求めるものは何でも、すでに受けたと信じなさい。そうすれば、そのとおりになります」とイエスも言っています。これも一種の言霊効果によるものだと私は思っています。

さらに「服薬」効果を得るために、事前に最適な漢方薬を調べたうえで、その名前を書くのもいいでしょう。たんに植物波の恩恵が得られるだけでなく、オルゴンエネルギーでそれが増幅されて、身体に届きます。

このほか、漢方薬を書いた紙片を招福カードの中に入れて携帯すると、なお一層の相乗効果があります。

◎書き込み例（娘が糖尿病の父親に対して）
山田太郎
03―1234567（祈願対象者の電話番号）
糖尿病平癒
　血糖値が下がって、父、山田太郎はとても快調です

パラボラアンテナが波動を飛ばす

「ニュー・プレマプラーナ」の開発は、このようなオルゴンエネルギーによる言霊効果の増幅、というだけで発想されたのではありません。そこにまた、もう一つの要素がなければ開発にはいたらなかったのです。それがパラボラアンテナです。２５４頁の写真の左側にあるのがそれです。

その経緯をお話しします。生活活性研究所のスタッフのK君が、オルゴン・ボックスにパラボラアンテナをつけたらどうなるかと考えたのが始まりでした。オルゴンエネルギーが集中されるのかどうか、またそれを遠くへ飛ばせるのかどうかを試そうとしたようです。もしそれが可能なら、レーザー光線のピンポイントよりは幅が広がるだろうことは容易に想像できます。しかし、その幅（有効範囲）はどのくらいあるものなのか。

衛星放送のパラボラアンテナは、南天に静止する衛星からの電波をキャッチするために、衛星の方角に向きを決めることからもわかるように、パラボラアンテナというものは、電波の発信源に向きを定めて電波を収集する、あるいは受信先へ方向を定めて送信するものです。けっして反対側に向けて送受信ができるものではありません。

送受信可能域はレーザー光線よりはずっとゆとりがあるといっても、それでもほとんどピンポイントの狙い撃ちとなるでしょう。何億光年もの距離の天体を観測する電波望遠鏡が巨大なパラボラアンテナであるのも、惑星探査衛星がパラボラアンテナを搭載するのも、微弱な電波を効率よく受信したり送信したりするためです。お椀状の円盤はレンズのような役目をします。

まずK君は、オルゴン・ボックスにパラボラアンテナを接続して、別の作業中の女の子の背中にアンテナを向けてみました。すると、彼女は背中が熱くなって思わず振り返ったそうです。

今度はK君の友人がひどいカゼで寝込んでいるのを思い出し、本人には何も知らせず「○○のカゼが即効で治った」と紙に書いたものをボックスに入れてみました。ただし、その友人は、福岡から遠く離れた宮崎県にいたのです。パラボラアンテナは、ただ南へ向けられただけでした。その南も、北ではないといった程度のものです。

常識で考えると、パラボラアンテナに誘導された波動は指向性が強いので、レーザーと同じで、照準が外れれば狙った相手には届きません。惑星探査衛星のアンテナが地球と反対を向いていたら、地球に電波が届かないのと同じです。ところが、そのような物理学の常識は見事に裏切られたのでした。

実験を開始してから数分後に、K君は知人に電話をしてみました。

「カゼの具合どう?」

何も言わず、ただそれだけを聞きます。

「なんだか、いま急に体がポカポカして、あんなに鼻詰まりがひどかったのが、栓が取れたみたいにスーッて鼻が通ったんだよ。ついさっきまで、病院に行かなきゃだめかなって思っていたのにね。なんだか熱も下がったみたい」

これが偶然でないのなら、パラボラアンテナといっても、オルゴンエネルギーを電波と同じように直進させるものではないということです。

これはこのように考えられます。もともと気エネルギーというのは、地球の裏側まで飛んでいって遠隔ヒーリングを行うのですから、直進性もなく、距離によって減衰もしない性質があります。だから、パラボラアンテナの働きは、虫メガネで太陽光線を集中して方向を定めるようなものではなく、波動そのものを増幅させたのではないか。あるいは、友人の○○さんに向けて照準を合わせる意識の波動が増幅されたのか。いずれにしろ結局、それが対象への追尾力の増大になったのです。

オルゴンエネルギー発生器の効率を高め、小型化することで、試作を繰り返して完成したのが254頁の写真の製品です。このように言葉の力を利用することによって、より簡便に遠隔ヒーリングが可能になったのです。

オルゴン・レーザーと同じで、強力な意識の集中が可能な人なら、これもまたニュー・プレマプラーナがなくても、同じように遠隔ヒーリングが可能です。ということは、一般人でもニュー・プレマプラーナがあれば、健康回復を願う相手の名前を書きさえすれば、どんなに遠方でも自動的にヒーリング波動が飛んでいくということです。形だけで気持ちのこもっていないお坊さんや神主さんの健康祈願や、大量生産されるお札などよりは、はるかに効果があるでしょう。

龍が飛ぶ

本書の口絵は、龍が睨みをきかしています。気に敏感な人は、表紙の「ミステリー・ピクチャー」同様に、口絵から大きなパワーが出ていることが感じられるでしょう。

別に辰年にあやかったわけではありません。龍に恩返しをしようと思ったのです。この龍を広く世に知らしめ、そのエネルギーを人々と共有すること。それが恩返しになります。

というと、「なに、恩返しということは、おまえは龍に恩を受けたということか?」という反撥が聞こえそうです。実は、そうなのです。たしかに、恩を受けました。

そんなバカなという嘲《あざけ》りは、以下の言葉に代表してもらいましょう。これは、百目鬼恭三郎氏の『奇談の時代』(朝日新聞社)から抜粋したものです。

「龍は空想の動物であることがはっきりしているし、殊に日本では、中国から入ってきた存在である。だから、その実在を信じるというのは、ちょうどフランケンシュタインの怪人が野尻湖に現れたといううわさを信じるようなもので、龍そのものより、それを信じるということのほうが奇怪な現象のはずだ」

百目鬼氏はなかなかユーモアのセンスがおありのようです。このように完全否定していながらも、百目鬼氏はこう続けます。

「にもかかわらず、説話の世界では、この外来の空想の動物が日本の至るところに出現しているのである」

そのとおりです。フランケンシュタイン博士に造られた人造人間も、吸血鬼ドラキュラも、実際に見たという話は聞いたことがありません。というのも、それらは小説のなかだけの存在だからです。

ところが、龍はどうかというと、けっしてそれらと同列の存在ではない。「龍は空想の動物であることがはっきりしている」とは少しもいえないのです。フランケンシュタインのように、明らかに創作されたフィクションがあるわけではないし、また龍の目撃談は説話だけではなく、この現代においてすらよくあるからです。

伝説上の四獣（四神）といわれる青龍・白虎《びゃっこ》・朱雀《すざく》・玄武、四霊といわれる麒麟・鳳凰・亀・龍のなかでも、亀はともかく、龍だけが実際の目撃談があるのです。

仏教伝説にはこういう話があります。釈尊が苦行のあと、菩提樹の下で瞑想し、ついにさとりを開いたことはよくご存じでしょう。その後の話です。

——釈尊は七日後に菩提樹の下から立ち上がり、今度はムチャリンダという木の下に座して、また七日間、解脱の楽しみを味わっていました。

ところが、そこに土砂降りの雨が降り注ぎ、寒風が吹き荒れたのです。そのとき、ムチャリンダ龍王が龍宮から出て来て、釈尊の身体を七重にとぐろ巻きにして、その頭上を大顎《あご》で被ったのでした。釈尊に暑さが来ないように、アブ、蚊、風、蛇などが触れないようにと。（中村元訳を参照）

このように、龍は聖なるものを守護するのが役目なようです。

それにしても、龍はよくわからない存在です。身体を九つのパーツに分けて、それぞれを様々な動物に見立てた「九似説」というものがあります。それによれば、角は鹿に、頭はラクダに、眼はウサギに、うなじは蛇に、腹は蜃《みずち》に、鱗は鯉に、爪は鷹に、掌は虎に、耳は牛に似ているとのこと。

なるほどこのように記されると、体は人間で頭は牛というのと同じく、想像の生物にありがちな、単純発想のキメラ（合体生物）だとみなされても仕方がないかもしれません。かつて地球に君臨していた恐竜の霊体が集合化されたものだという珍説もありますが、その姿形を見れば、それもなるほどと思わせる説ではあります。

龍はエネルギー体です。少なくとも、人間が生身でまたがれるような生体ではありません。中国で大地の気脈が龍とみなされるように、このエネルギーは、まさに宇宙エネルギーであり、オルゴンエネルギーなのです。

それがどうして、あのキメラ動物のような姿として描出されるのか。それは私にもわかりません。ただ、「九似説」というのも、いたずらな合成というより、実際に目にした人の印象だと思うのです。少なくとも、胴体は鱗のついた大蛇のようであり、ときにはとぐろを巻いて宙に立つ。そのように人の目に見えたのは、本当のような気がします。

釈尊を雨風から守ったという龍の話も、傍らの人の目に、たしかにそのように見えたのでしょう。それは、おそらく人間では最大級のプラーナ（気）を発した人の、オーラ化された波動だったのではないでしょうか。まさしく、とぐろ巻きにして身体を包む、オルゴンエネルギーの奔流だったのです。

「氣神聖龍《きしんせいりゅう》」現形

それでは、私が龍に受けた恩とは何か。私が聖なるものかどうかはさておいて、私はこの龍に守られてきたのだという実感があります。いや、それがオルゴンエネルギーなら、オルゴンエネルギーを開発したということは、まさに龍を生んだといってもいいのです。あるいは、龍が見守るなか、また新たな気脈が開発されたと思えば楽しいかぎりです。しかもそれは、土地に走る気脈ではなく、空間から自在にエネルギーを汲み取れる気脈なのです。

というだけなら、なんだそんなことかとがっかりするでしょう。ところが、龍は実際に現れたのです。

それを「氣神聖龍」といいます。この由来をお話ししましょう。

九七年、春――。私は北海道でセミナーを行っていました。その途中、突然携帯電話が鳴ったのです。

実記からでした。何事かと私は驚きました。セミナーの時間は知らせています。セミナー中は、家や会社からは電話を掛けない決まりになっています。それを知っていて掛けるということは、よほどの急用なのでしょう。私もたまたま、電源をオフにするのを忘れていたのでした。

「いまね、ドクター・オルゴンから煙が出たの！」

珍しく、実記の興奮した声が飛び込んできます。

「煙って、燃えるものでも中に入ってたのか？」

「そうじゃなくてね、煙だと思ったら、それが龍の形になって昇っていったの」

「龍？　錯覚じゃないの？」

「〇〇と二人で見たんだから、本当よ。龍よ、龍。龍が出たの」

〇〇というのは実記の妹です。

「龍がねえ……」

不思議な話には慣れている私も、ドクター・オルゴンから龍ともなれば、自分で見ないかぎりは、さすがに半信半疑でありました。

最初に見たのは義妹でした。完成間近のドクター・オルゴンから煙が立ち上り、びっくりして、近くにいた実記に「お姉ちゃん、火事！」と叫んだほどなのです。

実記もすぐに飛んで来て、その煙を見たそうです。彼女たちが見守るなかで、煙は見る間に形を整えはじめました。微速度カメラで撮った雲のように、あるいは魔法のランプから出た煙が魔人となるように、拡散していた煙がスーッと一塊《ひとかたまり》にまとまったのです。

それはまさに龍としか思えない形でした。尾らしき部分をピンと跳ね上げて、そのまま虚空に消えていったそうです。

その夜、私はまだ北海道で、オルゴンエネルギー製品の愛用者のある人が、夕食に招いてくれました。その人がまた、たまたま長年にわたって龍を研究していたというのです。先ほどの龍の話をすると、ほう、と感心したそぶりでこういいます。

「そういえば、先生。今年、九州の上空で龍がよく目撃されているんですがね、その特徴というのが、尾をピンと跳ね上げた姿なんです」

それがドクター・オルゴンから放たれた龍だとは誰も言わなかったとはいえ、私は背中がゾクッとしたものでした。

実は、ドクター・オルゴンが完成したころから、私よりもはるかに気に敏感な人たちから、何か見えませんかという質問をよく受けていたのです。彼らには、何かが見えていたのでしたが、私が聞いても明かさなかったのです。それはまるで、禅寺の瞑想の修行にさいして、先入観を与えないように、何が見えるかを先達が秘密にするかのような塩梅でした。見えた内容によって修行のレベルをはかるのです。しかし、なかには最初から龍の存在を指摘する人もいたのでした。

そのなかの一人は、このように語っていました。「ドクター・オルゴンの上に龍の鱗《うろこ》が見える」。さらには、「鱗は六角形をしている」というのです。その彼に私が実記の話をすると、驚きもせず、「そうですか、やっと見えましたか」と、淡々としたものでした。

というからには、この人はやはりただ者ではない。天台宗に僧籍を持つ僧侶で、阿闍梨《あじゃり》を養成する伝法阿闍梨という大変高い位を持っています。たんなるインテリの学僧ではなく、今どきの僧には稀な、気功と霊視の能力が備わった特異能力者なのでした。実は、「氣神聖龍」の名を冠したのは彼だったのです。

漢字の起源につながる

オルゴンエネルギーに感応したこの「氣神聖龍」を、目に見える画、すなわち「氣神聖龍画」として皆さんにお分けしようということで、試作品を制作していたときのことです。鱗には是非とも六角形を表し、龍体の姿にはメビウスの輪を象徴させて、世に出したいというのが私の念願でした。とはいうものの、それを描くのが難しかったのです。試作品を出版社の編集者のTさんに見せたところ、思いがけなくこういう反応が返ってきました。

「これは、龍の元の字を象徴させているんですか?」

フム、フムという素振りでうなずいて、Tさんは言うのです。

「元の字といいますと?」

「いまの楷書になるずっと前の、漢字の起源になる甲骨文や金文の龍の字は、ちょうどこんな感じなんですよ」

と言って、宙に指で8の字を描きます。

「えっ? こんな感じって、8の字のこんな感じですか?」

「ええ、そうです」

「それは偶然ですね」

そういうことなら、これもよくできた話です。私も驚きました。

「えっ？　知らないでこうしたんですか」

今度はTさんが驚く番です。

「これは、メビウスコイルのメビウスの環をかたどったものなんです」

「ああ、そうだったんですか……」

後で昔の字体を見せてもらいました。たしかに、8の字状に見えます。奇しくも、元々の字体と、メビウスの環を象徴させた「氣神聖龍図」とが、8の字の形で通じ合っていたのです。

龍と竜のうち、古い字体はむしろ竜のほうで、この竜の形象は上部の「立」が角を表し、その下にS字形（または逆S字形）の尾が生えていることを示しているとのことです。すなわち、ピンと跳ねた尾です。漢字は象形文字だといいます。だとすると、ひょっとして古い甲骨文は、龍の姿を見た人が書き表したものなのかもしれません。

オルゴンエネルギーは、8の字状の西海式メビウスコイルに誘導されたエネルギーです。

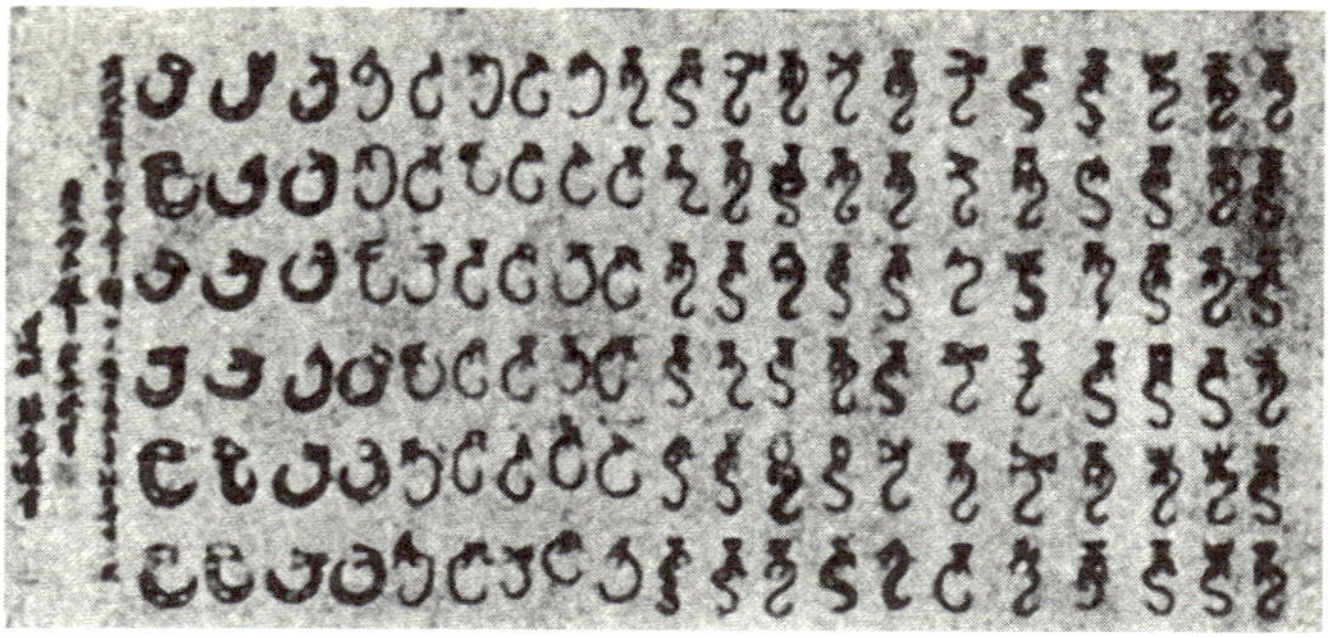

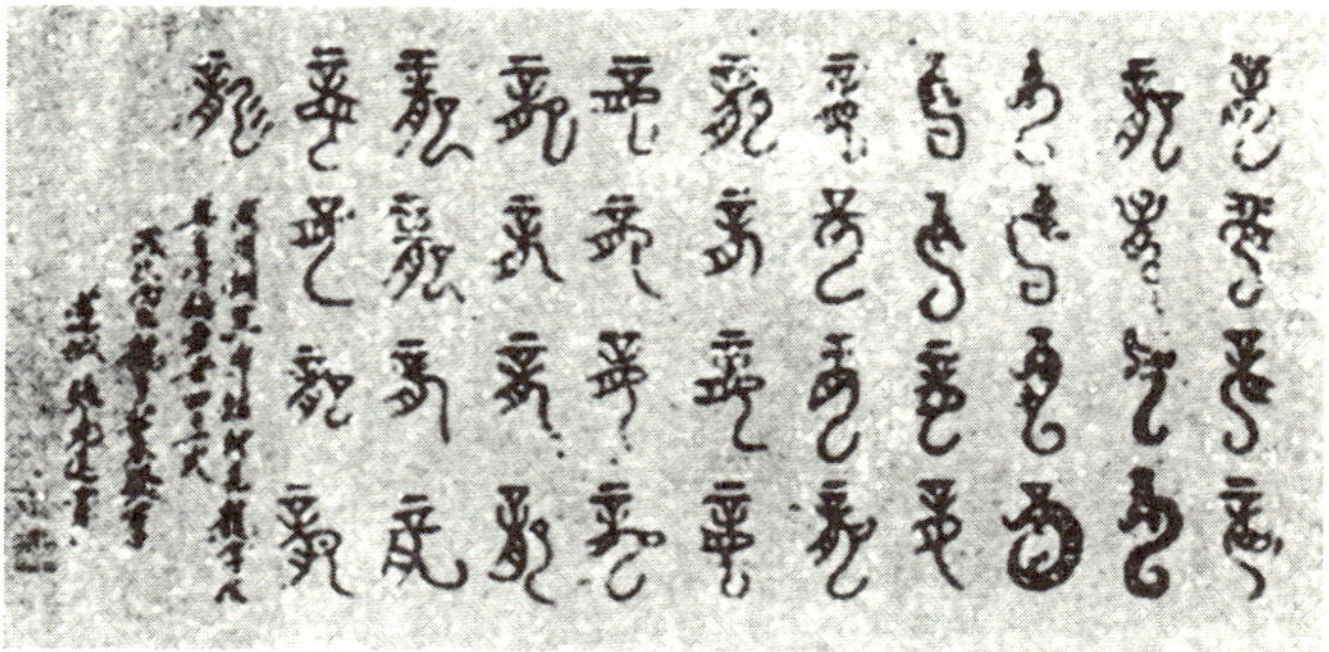

上は甲骨資料「龍」字模写。下は金文資料「龍」字模写（両方とも『中国の妖怪』中野美代子　岩波書店より）

竜の字は、簡潔化されると8の字になってもよかったでしょう。龍もエネルギーだとすると、竜という象形文字は、8の字の形状に秘められたパワーを物語っていたのかもしれない――。そう考えると、楽しくなってきます。

なお、完成した「氣神聖龍画」は、氣神聖龍を描いただけではなく、額縁にオルゴンエネルギー発生器が内蔵されています。

古来より、龍は運気を改善し、繁栄をもたらす神獣として崇められてきました。私もその恩恵を受けたのです。

昔から書画や彫塑などの題材として、龍は大変ポピュラーな存在です。民話や聖人伝説のなかにもよく登場します。実在しない動物のなかで、このように露出度が高いのは、龍をおいてほかにないでしょう。なぜそうなのか。

「龍を見たものは、必ずそれを世に知らしめたくなる」。人にそのような衝動を喚起させるのが龍のエネルギーなのだと思います。あるいは、「龍を見たものは、それを世に知らしめる使命を持つ」のかもしれません。いずれにしろ、独占できないところにその正体があるのです。

この氣神聖龍は、何人にも必ずや幸運の風をもたらすものだと確信しています。それが龍の使命なのです。

食物が毒ともなりかねない時代

龍は、自分だけの手の中に止めておくわけにはいかない存在でした。しかし、独占できないのは龍だけではありません。オルゴンエネルギーが発生するものは、すべて広く共有されなければならないようです。

私は以前から、食事にオルゴンエネルギーが取り入れられないものかという漠然とした考えを持っていました。

人は食事をしなければ生きてはいけません。食事はたんなるエネルギー補給ではなく、生物としての快楽原則にのっとった、人が生きるうえでの楽しみの一つといえます。寿司が好きな私も、うまい寿司に当たったときは、明日も頑張ってまたうまい寿司を食おうという気になります。

もし食物から栄養素以外はすべて不必要なものとして省かれ、食事といえば錠剤か流動食をただ胃袋に流し込むだけということになったとしたら、なんと味気無いものになるでしょう。甘味、辛み、苦みはもちろん、舌でとろけるトロの脂肪、ダシのうま味やシャキッとした食感、ツルリとした喉越しの味わいも必要なくなります。ウナギの蒲焼きの匂いさえない。生命を維持することはできたとしても、そんな食事で明日の活力が生まれるでしょうか。

現代の日本では、手のかかる痴呆老人や寝たきり老人は、いまだにベッドに拘束して流動食や点滴で生きながらえさせるという、ケアの手間を省くための、いわば管理の「医療」が主流です。しかし、最近はこの管理者側の都合を主とした拘束をやめて、食事もしっかり口から食べさせるという人間らしい方法がとられるようになってきました。その結果、自分で口を動かして食事をするだけで、寝たきり老人の目に力が戻り、ベッドから起き上がれるようになったという例も少なからずあるようです。

口を通して、食物をしっかりと噛んで味わう。そこにこそ生きる活力が生まれます。それが、自然の摂理にのっとった一番の健康法のようです。

また食物には、科学的に分析できるカロリーや栄養素だけではなく、生命としての気も含まれます。食物からは、気も取り入れているといっていいのです。食物は加工度が進むほどその気が失われます。

米は、白米より玄米で食べるほうが体にいいというのは誰でも知っていることでしょう。胚芽に栄養素が詰まっているからです。さらに、玄米は水に浸して、少しだけ発芽させたほうがいいといいます。一般にこれは、消化しやすいとか、栄養学上の利点からいわれるのでしょうが、生命エネルギー（気）がより高い状態にあるということもあるのです。

食事とともに、活性化された生命エネルギーが確実に摂取できるなら、こんな合理的な健康法はないでしょう。なにしろ、ジョギングや気功法などは怠けられても、食事だけは怠けることはできないのですから。しかも本質的に、食事は本能を満たす楽しい行為です。

しかし、この時代、残念ながら口から摂取する食物は、そのすべてが体にいいとはいえません。水にはじまって、多くの食物が農薬や食品添加物、さらには成長促進剤や抗生物質などに汚染されているので、錠剤で栄養をとったほうがいいといえないこともなくなってきているのです。それに、そもそも食材に含まれているとされる栄養が、かつてのように完全には期待できないということもあります。農作物の栄養価自体も、大量の農薬投下で地味が失われたことで、昔より何割も失われています。

かつて、うまいものは体にいいという法則が成り立っていました。しかし、食物が人工添加物に汚染され、私たちの舌もそれに馴らされたことによって、本能的な味覚が鈍らさせられてしまい、持ち前のテスターは信頼がおけなくなってしまったのです。コンブや鰹だしより、なんとかの素といった人工のうまみ調味料のほうがうまいと感じてしまうのです。いまやどこのラーメン屋も、せっかく鶏ガラや野菜でスープを極めても、人工のうまみ調味料を入れないと、客足が落ちるのだそうです。嗜好の赴くままに口に運んでいては、「医食同源」ならず、食が毒ともなりかねない状況にあるのがこの時代なのです。

オルゴン波動食器（オルゴンエネルギー波動食器）の着想

ヒーリングは、病からの回復を目指すもの。本来、健康であればヒーリングなど必要ありません。その健康の大もとであり、また予防医学という意味で、まず食から考え直さなければならないという思いに駆られていたそんな折り、オルゴンエネルギー製品の代理店のAさんから、こんな話を聞かされたのでした。

Aさんは四十代の施術師。彼は、オルゴン・ボックスに食器を入れて、オルゴンエネルギーの定着化を試していました。たとえば、そうやってオルゴン・ボックスから取り出したカップにジュース類を入れて元のジュースと飲み比べてみると、気を入れたときと同じような、つまりジュースを直接オルゴン・ボックスに入れたのと同じ味の変化が確かめられたといいます。

まさにこれは、カップにエネルギーが定着化されたうえに、そのエネルギーがさらに他に影響を及ぼしたということで、いわばカップをオルゴン・ボックス化させたということになります。

なるほど、そういうこともあるものか。漠然と考えてきたことを、私が実行するより先に現実化させられたのでした。これが本当なら、食器にエネルギーを定着させて、それを器にすれば、いろんな食物にもオルゴンエネルギーを注入することが可能になります。

「不思議だねえ」

Aさんの着眼力と実行力への称賛もあって、私は少々オーバーに感嘆してみせました。

「何をおっしゃいますか、先生。パンストにだってエネルギーが入るんでしょう。しかも、それを履いたら子宮筋腫まで消えてしまうんですから、食器が野菜や果物に気を入れることぐらいわけないですよ」

と、反対に教えられる始末。

私も、そうやって「オルゴナイズ（オルゴンエネルギー化）」させた食器を使って、飲み物をはじめ、あらゆる食物を試してみると、たしかにそれらを直接オルゴン・ボックスに入れたときと同じ味の変化がみられました。研究所のスタッフに試してもらってみても、コーヒーが飲みやすくなったとか、ご飯の甘味が増したとか、サラダの鮮度が持続されるという結果が得られました。

しかし、味覚というものはあやふやなものなので、実験者本人が試したのでは暗示効果に影響されてしまいかねません。というよりも、催眠術で味覚が簡単に変えられてしまうのを見てもわかるように、暗示の影響を受けやすいのが味覚なので、実験は極力暗示が入らないようにコントロールされなければなりません。

ということでAさんは、「被験者」を第三者にして実験してみることにしました。同じようにしてオルゴンエネルギーを注入したカップや食器を、知人を通して何人かに使ってみてもらったのです。もちろん、食器屋さんから使い勝手をみてくれと頼まれたとかなんとかと適当にごまかして、本来の実験目的は隠しました。

そうやってしばらく使ってもらった後、使い勝手のほかに何か変わったことはなかったかと、暗に効果を聞き出したところ、ほとんどが飲み物も食物もいつもよりおいしくいただけたということでした。なかには、安物の食器を、何やら高価なものだと勝手に思い込んだらしく、「やっぱり、いい器でいただくと、おいしくなるものねえ。これって、高いんでしょう」と喜んでくれた人もいたとか。

ただし、目には見えない付加価値をしっかりと感じて、それを「高い」という言葉で表してくれたのだとしたら、けっして笑うわけにはいかず、むしろその感性を褒めなければなりません。私たちがものを「高そう」と思うとき、素材の品質やデザインの美的な観点だけではなく、機能の優れた点も評価しているものです。速度は出なくても、有名デザイナーが設計した車は高いと思うのと同じく、たとえ粗末な造りで見てくれは悪くても、時速三〇〇キロを出す車を私たちは高いと評価します。彼女も、見てくれの美しさではなく、目に見えないながら「食材や料理をおいしくさせる機能」を感じて、高価なものに違いないという評価をくだしたのでしょう。

いいことずくめの実験結果

また使用者のなかには、急にきれいになった人もいたといいます。二〇代のその女性へ、Aさんが、恋人でもできたのかと聞くと、彼女は笑ってこう答えたそうです。

「ずっと便秘で悩んでいたのに、あの食器を使いだしてからは、なぜかお通じがとてもよくなったんですよ。きっとそれで、肌荒れが解消したからでしょう。朝は食欲もなかったし、ダイエットのつもりもあって、いつも朝食を抜いていたのに、急に食欲が出てきたんです。それ以来、ダイエットもそっちのけで、ずっと朝食を欠かさないでおいしく食べているのに、ちっとも太らないんです。それどころか、ちょっと痩せたみたいなんですよ。何か食器に秘密でもあるんですか？」

これはまさに食事を通して、オルゴンエネルギーを取り入れられるということです。私も同様の実験をしたところ、やはりこのようないいことずくめの結果が多く得られたのでした。

ちなみに、私はもう少し実験らしくやりました。被験者はまずスタッフを使いましたが、四組の食器を揃え、そのなかに一組だけオルゴンエネルギーを定着させたものを混ぜます。もちろん、スタッフにはどれがオルゴン化されたものかはわからないようにします。

その四組の食器に、同一の野菜や果物をはじめ、あらゆる食材や料理をのせて、組ごとに味の具合をチェックし、どれがおいしいかをランク付けしていきます。そうすると、八割以上の確率で、オルゴン化された皿のものが一番の評価を得たのです。

特に、生野菜のサラダや千切りキャベツなどは、それぞれの皿にのせて二〇分も放置していると、一枚だけ見た目にも一段とみずみずしくシャキッとしているので、味をみるまでもありませんでした。具体的な味の評価としては、甘さ、まろやかさ、繊維質の柔軟化、塩辛さの軽減などが中心でした。

このほか、ダイエット願望のある人を一〇人ほど選んで、オルゴン食器を提供したところ、一カ月ほどで、これも八割の人に効果があり、便秘の解消のほかにも、よく眠れるようになったとか、肩凝りや冷え性が治ったなど体調が改善したという結果を聞くことができたのです。

何しろ、ただこの食器でいつものように食事をするだけでいいのですから、なんの手間もヒマもかかりません。まったく省エネの健康法です。このようにして、「オルゴン波動食器」製作のプロジェクトが開始されたのです。

陶器は二度窯に入らなければならない

当初は、まず既製の食器をオルゴン・ボックスに入れて、エネルギーを定着させるところから始まりました。

オルゴンエネルギーは何にでもよく感応し、それが定着化されます。そのなかでも、やはり特に陶磁器（セラミックス）にはよく感応し、よく保持されるのです。

「陶器は二度窯に入らなければならなかったってわけだな」

私は実記に得意げにいいました。えっ？　という実記に、「一度は火であぶられて……」とヒントを出してやります。アメリカ人ならウィンクをするところでしょう。

「なるほど。もう一度はオルゴン・ボックスにね」

実記の予定調和の答えに、互いに満足げに顔を見合わせます。一二〇〇度で本焼きする陶器や、一三〇〇度で本焼きする磁器からすると、ずいぶん低温の窯ではありますが。

「オルゴン窯」に食器を入れて八週間。そうやってただオルゴン・ボックスに入れて待つだけで、陶器はオルゴン波動を放つようになります。本来の窯のように、寝ずに火の番をすることもありません。陶土を高温で焼いて陶磁器にすることを焼成《しょうせい》といいますが、これは〝オルゴン生成〟とでもいえばいいでしょうか。常温で寝かせることを考えれば、樽で酒を作る〝熟成〟のようでもあります。

あとはそれを普通の食器として、ふだんどおり日常的に使うだけでいいのです。特別な手入れも必要ない。食器にのせた食物は本来の生命エネルギーが引き出され、栄養素も効率よく摂取されるようになります。あらゆる食物が栄養源としての質を向上させ、いわば健康食品化されることになるのです。

それ以前に、食材はみずみずしく、いわゆる「生き」がよくなり、苦みのあるものはまろやかになります。つまり、これはどういうことかというと、人の味覚に合わせて選択的によりよく変化するということです。ということは、やはり食材に直接働くだけではなく、人の意識に感応するオルゴン波動の性質がここでも大いに働いた結果だと思われます。

ダイエット・ディッシュ

ここでこんな疑問も出てくるかもしれません。「食材にも空気中にも、腐敗菌やカビをはじめ、人の健康に不都合な無数の微生物が存在している。それなのに、どうしてそれらの微生物を活性するようには働かず、食材に対してのみ、人が食して栄養とするのに都合よく働くのか。食材も腐敗菌も生物に変わりはないのに」

これはピラミッド・パワーにもいえることです。ピラミッドに入れた食物が腐敗せずに長持ちするのは、やはり人の意識が腐敗菌をセーブするように選択的に働いたからです。というと、こういう反論もあるかと思います。「しかし、実験は、食器の使用者に、特別な食器だと知らせないのが厳密なやり方ではなかったのか。その場合、意識も何もないだろう」。

これはもっともな考え方です。しかし、意識には無自覚な潜在意識もあります。人の無意識下の生命波動とよく共振し、人の生命力にプラスになるように作用する。それがオルゴン波動の特質です。

その端的な例が、あのダイエットできれいになった女性です。ふつうに考えれば、食事がおいしくなって食欲も増進されたのですから、太ってもいいはずなのに、反対に痩せることができた。便秘や肌荒れが解消され、その結果、異性をひきつける魅力も出てきました。

この女性は、それが波動食器だとも、意識に共振するエネルギーが出ているということも全然知らなかったのです。オルゴン波動は自律的な生命波動と共振しつつ、食物に働きかけ、さらに本人の生命力の活性化へとつながったということです。

食物が、私たちの味覚に合うようにおいしく変わるということはどういうことでしょうか。たとえば果物の甘味というのは、動物の餌になる機会を増やし、種を広くまこうという遺伝子の戦略です。

カロリーコントロールができて魅力的なボディになるということも、生物学的に考えれば、異性をひきつけて自分の遺伝子を残そうという戦略です。ジューシーなフルーツと一緒。自分で太ろうという強い意思があれば別ですが、オルゴン波動食器は、食材に対して、使用者の生命力を強化し、生存競争に打ち勝つための滋養となるように選択的に働くのです。そのような意味で、オルゴン波動食器は「ダイエット・ディッシュ」といってもいいでしょう。

人はなぜ陶磁器を使うのか？

「どうして人間は食器を使うんだろうか」

食器のことを始終頭にのぼらせているうちに、こんな小学生のような疑問も浮かんできました。私専用のなぜなぜ事典の実記も、この質問にはさすがに面食らったようです。しかし、どんな質問にもマジメに答えてくれるのが実記の癖、いや、愛すべき人柄なのでした。

「そりゃあ、便利だからでしょう。食器も道具の一つ……」

質問の真意をはかるようにして、実記は首を傾げます。

「もっと具体的に言ってくれんかね」

「そうね……。ツルのクチバシは魚をついばむには便利なんでしょうけど、もしスープも飲まなければならないとしたら、花瓶のような細長い容器じゃないとだめだわね。キツネには不向きでしょうけど」

こういって、実記は笑います。

「そりゃあ、イソップ物語かい？　汁物や煮物にどんぶりが必要なのはわかる。熱いスープも粥も、手ですくうわけにはいかんのだから。でも、ほかの料理はどうだ？　魚とか肉の焼いたものなんかには、必ずしも必要ないんじゃないか。特にキリタンポとかシシカバブなんか」

そういって私も、串焼きをほお張るふりをしながら笑い返します。

「それでも手を休めるには皿があったほうが便利なんじゃない？　串焼きはともかく、皿や小鉢があれば、一人ひとり分けて運んで手元で食べられるし。ああ、そうね。食器の起源ということなら、一つの鍋からみんなで手づかみして食べていたのが、一人ずつ小分けするようになったところから始まったのかもしれないわね」

「それだけなんだろうか。じゃあ、どうして食器には陶磁器が多いんだろう？」

私にはこれも疑問でした。

「だって、金属だったら熱くて持てないでしょう」

「でも、木だってあるだろう。木製のもののほうが、陶磁器よりずっと簡単に作れるし、それに壊れにくいだろうに。それなのに、なんでわざわざ壊れやすい陶磁器なんてものを作る必要があったんだ？　同じ壊れやすいのでも、ガラス製品は透明できれいだからわかるけど」

「木製だと油ものは染みこんじゃうからね」

「漆器ならその問題はないだろう」

「でも、漆器のほうが作るの大変なんじゃない？」

「だけど、漆器はかなり長持ちする」

「それでも、壷状のものや深皿なんかだと、やっぱり粘土のほうが木を彫るより楽に作れて安上がりだからよ」

「ま、楽焼なんてものがあるぐらいだからな」

サムい、といわれるのを承知で、私はお決まりのダジャレを言っておきます。

土は生命の温床

「火にかけるナベなら仕方ないがね。しかし、ただ食べ物を盛り付ける器にするだけなら木彫りで十分なのに、どうしてわざわざ粘土をこねて、火で焼くなんていう手間をかけるんだろう」

私はなおもたずねます。

「それは、きっとガラスと同じ。実用プラス、美的な趣味が人間にはあるのよね。道具なんかも、実用だけではすまされないのが人間なのよ。原始人の土器も、実用一点張りなんていうものはないもの。装飾が施されていないものなんてないでしょう。私たち現代人だって、本当に実用だけなら、カップなんか製造が簡単で壊れないプラスチックで十分なのに、やっぱり陶磁器を選ぶものね」

私は、ウン、ウンとうなずきます。

「やっぱりウエッジウッドかね」

「お茶も紅茶も、歯磨きのプラスチックのコップで飲んでも全然おいしくないと思う」

「キャンプだったら、かえってアルミのコッヘルのほうがうまいんだろうがな。問題はそこなんだ。人間が陶磁器をいいと思うのは、きっと本能的な感覚なんだろう。キャンプはともかく、たしかにプラスチックじゃ全然なごまない」

「ウン、なごまない」

と、相槌をうつ実記に、私が目配せすると、実記はすぐにそれをキャッチしました。

「なごむは〝癒される〟、ね」

言いたいことが、以心伝心で伝わります。

「そして、ヒーリング。たんに気持ちが癒されるだけじゃない」

私は追加します。

「えっ？」

「陶磁器にはヒーリングの力があるんだよ」

意外な顔をする実記に、「だから陶磁器を食器にしていたんだと思うんだ」と、私はあえてかみ砕いて話してやります。

「陶磁器ってオルゴン波動をよく吸収するだけじゃなくて、それ自体にヒーリング効果があるってこと?」

「オーバーに言えばだけど。まあ、それでも檜《ひのき》の風呂場ぐらいはあるんじゃないのかね。陶磁器が人を癒すんなら、食物にだっていいはずだ」

「陶磁器は食物を癒す、か……」

実記はフーン、と鼻を鳴らしました。

「つまり〝生き〟をよくするわけだわな。リフレッシュ効果。そんなことは縄文人もとっくにわかっていたんだろう」

「でも、私たちがリフレッシュされるのと、生野菜の生きがよくなるのとはねえ……」

どうかしらというように、実記は首をひねります。

「ちょっと違うか。でも、細胞レベルじゃ同じってことよ」私は強引に自説を展開します。

「トイレがリラックスの場所だっていうのは、便器がセラミックスだから。飛行機のようなステンレスじゃ、寒々しくていかん。長いこと座っていたい気分になんかなれんよ」

「なんだか、オルゴン便器とか、オルゴン便座もいけそうな話ね」

あきれた様子の実記も、クスクスと笑います。

「そりゃあいい。だいたい、洋食器の銀器だとかステンレスの皿なんて、手術室の膿盆《のうぼん》みたいでいやにならないか。いま床材にテラコッタがはやってるのも、なごみ効果があるからだろう。だいたい、セラミックスが人工関節や歯の材料に使われているのも、生体と相性がいいからだ」

「なるほどね。でも、どうして陶磁器ってそんなに効果があるのかしら」

「それはね、陶磁器は土からできているからだと思うんだ。陶磁器がオルゴン波動をよく吸収して、波動食器としてヒーリング効果を持つっていうのは、土に秘密があると思うんだよ。生命は海から生まれたっていうけど、なにしろ本当は土から生まれたんだから」

私はいよいよ本題に入ります。

「おや？　新説ね」

「新説でもなくてね。まず、聖書にあるだろう。神はアダムを土のちりから造ったって。アダムっていうのは、土を意味するヘブライ語のアダマーからきたそうなんだ。まあ、アダムというのは、神が造った最初の人間っていうよりは、たぶん生命の象徴ってことなんだろうが。本当は海から生まれたんだとしても、生命スープの中身は土のミネラルから出たんだから。ダシというべきか、具というべきかね。生命の基本はミネラルだったよな？」

「ええ……」

「実はもう一つ、こういう説もあるんだ――」

私は、本で読んだばかりの話を披露しました。これは、書店に数多く並ぶ「波動本」のなかの一冊、中根滋氏の『蘇生力』という本に紹介されていた、ある博士の仮説でした。この博士は、生命の起源を「粘土鉱物」だというのです。

実は、この話がずっと私の頭にひっかかっていたのです。長くはないので、要約するより、そのまま転載しましょう。

「粘土鉱物は（中略）多層構造をしています。水分を含み、しかも粘土の表面には吸着性がある。ごく簡単に言ってしまえば、いろんな有機物質がそこに集まってきて、とどまることが可能である。これが生命を生む格好の舞台装置になったわけです。（中略）

水があって吸着性があって多層構造である、ということは、現代で言えば、有機化学の実験室や化学工場のプラントのようなものが、自然界に存在していたということです。そこへ有機物が取りついて、粘土鉱物を足場に化学反応をくりかえした。そして最初の蛋白質ができたと考えられるのです。

要するに、粘土鉱物が何らかの形で関与した化学反応によって、有機分子すなわち最初の生命が発生した――」

ミネラルこそ生命の骨格

書かれていたのはこの程度のことでしかありませんでした。それでもやはり、実記も同じように興味を引かれたようです。

「陶土から考えてみると、もっと面白いかもしれないわね……」

実記は、思案げにいいました。私も化学にはうといので、この説の真偽を化学的に検討するのは無理でした。とはいえ、このわずかな情報が、何か私の頭をチクチクと刺激したのです。

「これは、粘土が生命発生の、いわば生化学的な培養器になったという説だけど、もっと単純に、粘土の組成が放つ波動が、そもそも生命エネルギーにいい影響を与えていると考えることはできないだろうか」

そのような発想で、私たちは粘土の組成にまで考えを巡らせるにいたったのです。私たちのことですから、そうなると、もう既製品の陶器をオルゴン窯に入れるだけでは満足できなくなりました。結局、より強くオルゴン波動を吸収し、強力なヒーリング波動を発する陶器を探して、さらに食器そのものの製造にまで手を染めることになったのです。

まだすべてを明かすことはできませんが、オルゴン波動とよく共振するのは、その陶土に、ごく微量ながら、人間に必須のミネラルを配合させてあるということだけをお話ししておきます。ミネラルのある配合率は、生命エネルギーを活性させる波動を持つのです。

ミネラルは生命の骨格です。生命の基本は何かと問われれば、まずだれもがタンパク質だと答えるでしょう。ある意味でそれは正しい。けれども、タンパク質はビタミンがなければ無力であり、そのビタミンもまたミネラルなしでは吸収も、その機能をはたすこともできません。忘れてはいけないのは、人体はいくつかのビタミンを合成できるのに対して、ミネラルは何一つ合成できず、そのすべてを体外から取り入れなければならないということです。

生命はみなその体内に海を宿している、という話があります。しかし、生命はみな体内に地（球）を宿しているというのが本当なのです。ちなみに、地は英語でアース。陶磁器は英語でチャイナといいますが、そのほかに、「アースンウエア」という表現もあります。

しかし私は〝ミネラルウエア〟とでもいいたいのです。

オルゴン波動食器の性能を調節する要素として、このほかに色があります。

もう一つ大事なのは、陶土の主要な構成物質であるケイ砂（二酸化ケイ素）の分子構造が正六角形をしていることです。ここにこそ大きな秘密があるのですが、これもまだ十分には解明できていないので、残念ながら詳しいことはここでは明かせません。

食物の波動測定でわかった毒性の低減効果

やはり、客観的な判定のできない味覚に頼るのではなく、できるだけ客観的な判定をするために、波動測定器を用いて、エネルギーの入り具合を検査しました。波動測定器は三種類を用いましたが、測定結果の一例を紹介しておきます。

素材はソーセージ。これを「オルゴン皿」の上に乗せて、三分後、六分後の数値を見ました（最低値はマイナス一、最高値はプラス＋）。

興味深いのは、毒素がレベルダウンされたことです。これは、「オルゴン波動食器」はたんに食物の質を高めるプラス効果があるだけでなく、人工添加物などの毒性を低減させる

測定項目名	基本測定	3分後	6分後
生命エネルギー	−8	−5	−3
肉体的活力	−20	−10	−3
ビタミン・バランス	−11	−9	−6
ホルモン・バランス	−13	−6	10
ミネラル・バランス	−10	−1	3
毒素	−28	−16	−10

波動測定（オムニセンスによる）

ということを示しています。

気功師から放たれる気エネルギーも、毒性を無力化する場合があるといいます。気の波動学の立場から見た説によると、そのメカニズムは、気が毒性物質の分子構造の鎖を断つことによるということです。気功のパワーは金属をも断つので、それも不思議ではないかと私などは単純に思ってしまいます。オルゴンエネルギーも気の一種とすると、同様のメカニズムかもしれませんが、残念ながら、私には化学の専門的な分析はわかりません。それは専門家の研究にゆだねましょう。

化学的メカニズムの検証はともあれ、この結果を見るかぎり、オルゴン波動によって毒性の中和的作用がもたらされたことは事実でしょう。毒キノコを松茸やアガリクスにするのは無理だとしても、厚生省の基準を通過している毒素程度なら、その毒性を低減する効果はあるようです。そのうえにプラスの効果として、「うまみ効果」「健康食品化効果」、ダイエット効果などがあるということです。

優しいハートは最良の気を呼ぶ

ここまでは、私たちが開発してきたオルゴンエネルギー製品を紹介してきました。ポケットプラーナに始まって、ニュー・プレマプラーナや波動食器にいたるまで、オルゴン製品の開発は、夫婦の歩みそのものであり、また私自身の心の進化の過程でもありました。

製品開発における葛藤、わが妻、実記との葛藤（愛ゆえの？）の過程は、私自身が卑金属から貴金属へと錬成されていく過程だったような気がします。まだまだ金へは遠い道程ではありますが。だから、本書『波動物語』は、けっして製品が主役ではなく、製品の錬成過程によって錬成されていく、開発者本人の物語であることを改めてお断りしておこうと思います。

また私が恐れるのは、このようなエネルギー発生装置に、すべて身をまかせきってしまうことです。究極のヒーリング・マシンを手に入れたということで安心し、自分で自分の心身を磨くのを忘れてしまうことです。そういう事態に陥ることを、私は何より一番恐れます。車の修理や会社の経理は専門家に任せられても、自分の心身だけは、しっかりと自分で手綱をとって、自分でメンテナンスしなければなりません。

オルゴン製品は、自信をもって提供できるヒーリング・マシンです。しかし、どんなにそれが優れたものでも、マッサージ器とは違います。

オルゴンエネルギーを気と同じエネルギーだとするなら、オルゴンエネルギーの最大の発生装置は、やはり意識なのです。意識といっても、物事を客観的に見つめる理知的な精神ではなく、人間味あふれる心です。ハートであり、思いやりです。少し前にはやった言葉でいうと、ＥＱの高い人こそ、大きなオルゴンエネルギーの発生装置だということになりますか。

そのハートのなかでも、人を癒したいと思う無償の気持ちこそが、最大のエネルギーを導き出すのです。それを愛といってもかまいません。

愛する者が病気のとき、なんとか治してあげたいという気持ちを持たない人はいないでしょう。よほどの嫌われ者でないかぎり、治ってくれと、家族や友人から熱く祈られない人もまずいません。

それでも、そのような熱い気持ちが現実に癒しをもたらすこともなく、家族の必死の祈りも空しく、若くして死んでいく人は無数にいます。となれば、ハートが最大の気の発生装置だという私の説は、間違いだということになるでしょうか。

いいえ、そんなことはありません。気は発生します。しかし、それを対象へと焦点を合わせるのがなかなか難しいだけなのです。ピントを合わせたり、またもちろん気の発生源として、人の気を補助するのがオルゴン製品だということです。

まあ、たしかに実際には、オルゴン製品は補助の域を超えるものではあります。しかし、たとえオルゴン製品を利用していても、それを使用する自分こそがエネルギー発生の源であり、主体だと思っておいたほうが、よりうまくエネルギーが発生するのです。意識波によく共鳴するのがオルゴンエネルギーなのです。

オルゴン製品は、あくまで馬であり、私たちがそれをうまく乗りこなしてこそ、名馬の能力も十分に引き出せるのだと認識しておいてください。けっしてオルゴン製品は、ただ漫然と座っただけで、どこへでも連れていってくれる魔法の絨毯ではありません。私たちがしっかりと手綱を握り、拍車をかけてこそ、千里を駆けるのです。そうやってうまくコントロールさえすれば、地球の裏側へでも瞬時に運んでくれるでしょう。

オルゴン製品の効率をよくするには、まずハートを磨いて精神性を高く保つことです。それが何よりも大事です。自戒をこめて、これを強調しておきます。

ゴミ箱からも癒しの気が放たれる

私の研究所に、高鷹君というスタッフがいます。好青年と言いたいところですが、「好」は当たっていても、青年というにはいささかトウが立っているでしょうか。

研究所の私の部屋に、汚れたダンボール製のゴミ箱がありました。見た目が悪いので、なにげなく「なんとかならんもんかね」と彼に言ったところ、なんと和紙で丁寧にラッピングしてくれたのです。おまけに取っ手つきの蓋まで作ってくれました。なるほど、見事にきれいにはなりましたが、経済効率一点張りの経営者にかかったら、それを時給に換算すれば、新しいゴミ箱を買ったほうが安上がりだといわれるのがオチでしょう。

けれども、そこには経済効率には換算できない、大きな価値があったのです。有り合わせの和紙で、よくそこまできれいにできるものかとびっくりするほど、それは見事な出来栄えでした。おかげで、そのまわりにずいぶん和んだ空気が生まれたのです。

お客さんからもよく、「これもオルゴン製品ですか?」と尋ねられます。私は「ただのゴミ箱ですよ」と笑って答えているものの、心のなかでは、「たしかに、それこそが何よりものオルゴンエネルギー発生装置なんです」と、いつも誇らしく唱えているのです。実際、そこから放たれている温かな気を私は感じています。コイルも磁石もないのに、それは十分に温かな波動を放っています。それこそが癒しの気なのではないでしょうか。

無遅刻無欠勤、てきぱきと仕事をこなし、時給分の働きはきっちりこなすけれども、電話の応対が事務的でギスギスしている、なんていうところに、オルゴンエネルギーやヒーリングなどありはしません。もし、そのような雰囲気の病院があったとしたら、そんな寒々しい空気に当たっただけで、治るものも治らなくなってしまいます。看護婦さんの天使のようなほほ笑みだけで、大いに癒されるのが人間なのです。

細やかな気配りは大切です。高鷹君は、自分のことはさておいて、ひそかに私のもとへやって来て、目立たないところで頑張っている部下の賃上げを、ボソッと陳情するような人物です。私はそのような感性を尊重します。やれ気だ、波動だ、オルゴンエネルギーだと言っていても、周囲への思いやりがなければ何の意味もありません。たとえ、オルゴンエネルギーという、ほかより強力なエンジンを積んだ車でも、ハンドル(気配り)がなければ使いものにはならないのです。

人の思いやりがあってこそ初めて生きる。それがオルゴンエネルギーの本質です。人の心のなかに、温かいオルゴン波動が感染していく。そのような共鳴があれば、気は私たちの思惑を超えて、まだまだ進化する余地があります。本書が出版されるころには、きっとまた画期的なオルゴンエネルギー発生装置が開発されていることでしょう――。

おわりに

人には運という波動があります。

本文でも明らかにしたように、Ｗ・ライヒは、ＦＤＡ（米国食品医薬品局）の告訴を受け、オルゴンボックスの使用・販売を禁止されたにもかかわらず、それに従わなかったために懲役刑を言い渡されました。実際に収監されたあげく、獄死。精神鑑定が行われた結果、精神分裂病の診断も受けていたそうです。

ライヒが本当に精神を病んでいたのかどうか、それはわかりません。いずれにしろ、ライヒ自身には、悪いことをしているという意識などなかったのです。つまり、非業の死です。これほど悪い運はありません。

私が開発した宇宙エネルギーは、ライヒが名付けたオルゴンエネルギーの名にあやからせていただいています。しかし、西海式オルゴンエネルギー発生器は、構造は多少似ていても、中心のメカニズムは、開発の当初から、ライヒのそれとはずいぶん異なったものでした。

メカニズムが違えば、発生されるエネルギーも当然違ったものとなります。ライヒのオルゴンエネルギーは、心身のヒーリング効果があったといわれています。西海式ももちろんそうです。が、この二つには違いもまたあります。それは、ライヒのオルゴンエネルギーには運をよくする波動はなく、西海式はその波動があるという点です。

一般的に、ライヒがつかんだエネルギーは、気と言っていいだろうといわれています。私もその立場をとってきました。ところが、オルゴンエネルギーを生み出すライヒのオルゴン・ボックスは、使用の仕方によっては悪い影響もあったようです。

私は、良質の気というものは、心身の健康増進のために働くだけではなく、運気という波動をもよくするものだと考えています。

ライヒ自身の手になる、オルゴン・ボックスから発生されたエネルギーがどんなものであったのか、もはや検証することはできません。ただし少なくとも彼は、自分自身の運をよくすることはできなかった。残念ながら、それだけは確かです。

となれば、彼のつかんだエネルギーとは何だったのか。気かもしれないが、良質の気でない波動も含まれていたのではなかっただろうかと、私は疑念を覚えざるをえないのです。

ライヒは、非運のうちに六十歳でこの世を去りました。私ももうすぐその年になります。今後、私の運気がどう変化していくかはわかりません。まだ一波瀾も二波瀾もあるのかどうか。

西海式オルゴンエネルギーで救われたという人たちの笑顔に初めて接したとき、私は大きな波動に身を包まれました。それは今でもまだ、私を振動し続けています。それがあるかぎり、もはや私にどんな荒波が待っていようとも、私は幸福であり続けると確信しています。さらに、還暦を前にして、そのような確信を得られたことは、私にとって幸運以外の何ものでもないと思うのです。

西海式オルゴンエネルギーは、手のひらに乗る小さなポケット・プラーナでさえ、芳しい香気を放っています。大出力はないとしても、春風駘蕩《しゅんぷうたいとう》の心地よい波動です。草木にとっての水となるエネルギーではあっても、運気に水をさすものではないことだけは間違いありません。

なお、私はいずれ遠隔ヒーリングについて、もっと詳しい本を書こうかと構想を練っているところです。

オルゴンの風が行き渡り、より多くの人たちのもとへ、軽やかな運気がもたらされることを祈っております。

詳しい資料のご請求は左記まで

生活活性研究所……………………福岡県福岡市中央区大名一―一―四
大博ビル六F
TEL　(〇九二)　七一六―四二四八
FAX　(〇九二)　七一六―四二四九

〈著者プロフィール〉

西海　惇（にしうみ・まこと）

1940年10月1日生まれ。長崎県出身。

1985年、中央企業代行センターを設立。企業間の企画、営業関係者に対する潜在意識を中心とした実務セミナーを開催。

1994年、宇宙エネルギーの開発に携わり生活活性研究所を設立。全国各地において、宇宙エネルギー活用の啓蒙運動を精力的に展開中。

著書に『「気」驚異の進化』『癒しの扉』（いずれもたま出版）がある。

波動物語

2000年 8月8日　第1版第1刷発行
2001年 7月15日　第1版第2刷発行

著　者　西海　惇
発行者　韮澤潤一郎
発行所　株式会社たま出版
〒160-0022　東京都新宿区新宿1-10-1
☎03-5369-3051（代表）
☎03-3814-2491（営業）
印刷所　東洋経済印刷株式会社

ISBN4-8127-0127-9 C0011